水世嫦
中山時子　編著

生活與會話

趣味と生活の中國語會話學習書

新装版

東方書店発売

目次

序

第一部　衣

第一課　服裝的美化（服装の美化）……四
第二課　一種享受（或るエンジョイメント）……五
第三課　兩全其美（どちらにも好いように）……六
第四課　少穿點兒精神（薄着の方が気持が好い）……九
第五課　連洗帯燙（洗濯と仕上げをこめて）……一〇
第六課　親手織的（手ずから編んだのだ）……一一
第七課　定做的滿意（誂えのよろこび）……一三
第八課　挑來挑去（あれこれ選んで）……一四
第九課　要買就現在買（買うなら今だ）……一六
第十課　傳統的藝術（伝統のある芸術）……一九

第二部　食

第一課　能賞光嗎？（お出で頂けますか）……二四
第二課　菜太多了（お料理は多過ぎます）……二六
第三課　家長里短兒（四方山ばなし）……三〇
第四課　自己作的滋味好（自分で作ったのは味がよい）……三五
第五課　紀念屈原（屈原を憶う）……三八
第六課　換換口味（味を変えて）……四〇
第七課　賞月吃月餅（月を賞でて月餅を食べる）……四四
第八課　年年如此（毎年型の如く）……四七
第九課　事事平安（総べてが無事に）……四八
第十課　該吃團圓飯了（さあ年越しの食事をしましょう）……五一

第三部　住

第一課　東看西看（あちこちさがして）……五六
第二課　應有盡有（みんな具わっている）……五七
第三課　從從容容的找（落ち着いて探しましょう）……六〇
第四課　式樣怪別緻（デザインがとても変った趣きだ）……六三

第五課　屋漏怕遭連夜雨（泣き面に蜂）……六六
第六課　儘管吩咐我（どしどしお言い附け下さい）……六七
第七課　人人能享用（誰でもが恩恵に浴せるように）……六九
第八課　詩情畫意（詩情画意）……七三
第九課　男賓止步（男子は遠慮されたし）……七八
第十課　大雜院兒（裏長屋）……八三

第四部　行

第一課　道路不熟（道が分からない）……八八
第二課　先撥號碼（先に番号を廻して）……八九
第三課　王先生在家嗎？（王さんいらっしゃいますか？）……九一
第四課　先下後上（降車の後乗車）……九二
第五課　不用換車（乗り換えなくていい）……九五
第六課　隨遇而安（環境に安んずる）……九七
第七課　出國幾部曲（渡航迄の幾段階）……一〇一
第八課　旅行是人生樂事（旅行は人生の楽しみ）……一〇三
第九課　別出心裁（素晴しい構想）……一〇六
第十課　臥遊日光（居ながらにして日光に遊ぶ）……一〇八

第五部　雑　項

第一課　有個機會（チャンスがある）……一二四
第二課　使他戲劇化（それを劇化する）……一二六
第三課　聽戲不是看戲（「芝居を聴く」ことは「芝居を観る」ことではない）……一二九
第四課　熱得喘不出氣兒來（暑くて息もつけない）……一三二
第五課　開的太快了（飛ばし方が速過ぎた）……一三四
第六課　水火最無情（水と火とは一番無情）……一三六
第七課　一病不起（患らつたきり助からない）……一三九
第八課　都很熱心（みんな大変熱心だ）……一三四
第九課　活到老學到老（一生勉強だ）……一三七
第十課　種瓜得瓜種豆得豆（此の因有りて此の果有り）……一三九
跋……一四四
索引……一

序

喜歡研究中國話的人們，近年來逐漸增多了，這本書就是應合這種需要而產生的。它比較適合程度高些的同學。但對於一般想瞭解中國人情風俗，生活習慣的朋友們，我更誠懇地願意把這本書供獻給你們作參攷。雖是會話體裁但希望讀者能領會到內中文學的氣氛。提高讀者對文藝作品的興趣也是我附帶的一個目的。這裡面的文字和內容都是由淺入深，並附註解，更難得的是它還有精細的日文繙譯，初學的人們，念的時候，不妨中日文對照着看，可以節省不少查字典的時間，收到事半功倍的效果。

早在去年夏天就蘊釀着想編一本會話書，直到秋天才着手寫，寫之前我先擬定一個意思：是就着普通人們實際生活，日常所用的談話和術語來寫，再一想：生活包括物質和精神兩方面，物質方面離不了衣食住行四大要素，精神呢，不外乎宗教，信仰，娛樂，教育等々，那麼這本書就本着這個大骨架，像蓋房子是的慢々地蓋起來。這中間多承日本先生們的鼓勵，同學們的關切，不時地提出些寶貴而具體的意見來，我也盡可能地採納，像經過油漆和粉刷是的，房子是越來越漂亮了。我希望它能符合人們的期待。

寫的時候也很愼重斟酌，寫好之後，也經過幾度刪改，不過缺點仍不能免，決不是完全的，只不過想借着它引起人們的注意・而有更精彩的作品，不斷地出現，那才是我的理想・所以這本書不過是「拋磚引玉」吧！

昭和卅一年五月三日

水世孀序於東京

第一部　衣

*吃喜酒表示一面喝酒一面吃菜之意。

第一課　服裝的美化

夫：今天下班兒以後，得去參加一個同事的婚禮。有喜酒*可吃了。

妻：那麼你得換套西裝吧？

夫：當然！人家喜事，我今兒不穿平時常穿的那套深藍的了。

妻：帶花條兒的那套薄呢的，不是很漂亮嗎？

夫：好極。領帶似乎也得打一條顏色鮮明些的才像樣。

妻：這條綠色帶花點的，你看配着這套西裝合適不合適？

夫：合適是合適，可是我想不打領帶了。光帶個領花，倒更顯得年青一點兒。

妻：也好，我看目前倒很時興帶領花的。你很會打扮自己呀！

第一課　服装の美化

夫　今日勤めが終ってから、同僚の結婚式に出なければならない。祝酒が飲めるのだよ。

妻　それでは洋服に着替えなければならないでしょう。

夫　そうだとも！　お祝だから、今日はふだんいつも着ているあの濃い藍色のは着ないのだ。

妻　縞の、あの薄地の毛織のは大変綺麗ではありませんか。

夫　至極いい。ネクタイはどうも色のあざやかなのを締めた方が体裁がいいようだ。

妻　此の緑色の水玉模様のあるのは、ねえ、此の洋服に合いますかしら。

夫　合うことは合うが、僕はネクタイは締めないことにした。只蝶ネクタイをつけた方が却ってずっと若々しく見える！

妻　それもいいですね。今は却って蝶ネクタイをつけるのが大変流行しているようですから。貴方はなかなかおしゃれが上手だわ。

第二課　一種享受

顧客：王裁縫，我這兒有塊料子，你看作什麽好？

王：您這塊料子很不錯。是純絲的，給您作件旗袍*，一定很大方*，很漂亮。

客：你看長短兒够不够？

王：讓我量量看。行。有富餘。

客：這兒還有塊薄綢子，給我作件襯裙吧。

王：沿花邊兒不沿呢？

客：還是沿的好看。

王：行，您的尺寸我們這兒有，用不着再量了。

客：不過因爲是單的不是袷的，腰身請你作瘦一點兒，領子作矮一點兒，身長作短一點，袖口可不要太肥。

*女人所穿的長袍。

*高貴文雅之意。

第二課　或るエンジョイメント

客　仕立屋の王さん、私生地を持って来ているのですけれど、何を作るのがいいと思いますか？

王　此の生地は大変結構でございますね。本絹でございます。旗袍をお作りすれば、きっとなかなかシックですてきでございます。

客　ねえ、丈が足りますか？

王　お計りして見ましょう。大丈夫でございます。余ります。

客　此処に尚薄い絹がありますから、私にスリップを作って下さいな。

王　レースをお附けしますか。

客　やはり附けた方がきれいです。

王　宜しうございます。貴女様の寸法は手前共のところにございますから、又お計りするには及びません。

客　けれど単衣で袷ではありませんから、ウエストをどうか少しつめて下さい、襟は少し低く、着丈は少し短かく、袖口はね、太過ぎないように。

王：照您原來的尺寸，各處去*一分怎麼樣？要*不還是您明天抽*工夫來試試樣子吧。

客：對，還有按扣和拉鍊給作結實點，省得老開線。

王：這兒手工您放心，保管叫您滿意。

客：什麼時候得呢？我等着穿哪！

王：試好樣子，一個禮拜以後得。

*減去之意。
*『要不』等於『否則』。
*忙裡抽閒之意。

第三課　兩全其美

甲：李小姐下禮拜結婚，送點兒什麼好呢？

乙：這位李小姐跟您是什麼關係呀？

甲：我跟她是同鄉，從小兒同學，目前又是同事。

乙：既然是老朋友，總得送點兒實用的才好。

甲：是啊！我想要是省事呢，就到百貨店買一

王　貴女様の元の寸法から、夫々、一分ずつつめては如何でしょう？　さもなければやはり明日お時間を御都合下さって、仮縫をしましょう。

客　そうですね、尚、スナップとチャックとを丈夫につけて下さい、何時迄も綻びない様に。

王　此処の仕事は貴女様御安心下さい、必ず貴女様に御満足頂けます。

客　何時出来ますか？　出来次第着たいのです。

王　仮縫をちゃんとしてから、一週間後に出来上ります。

第三課　どちらにも好いように

甲　李さんが来週御結婚なさるのですけれど、何をお贈りしたらいいでしょうね？

乙　此の李さんと貴女とはどんな御関係ですか？

甲　私と彼女とは同郷で、子供の時から同窓ですし、今は又同僚です。

乙　古くからのお友達なのでは、どうしても実用的な物を贈ってさし上げるのが、いいのです。

甲　そうですわ！　私は、若し手軽にするならば、デ

*此處之『點綴』『表示點兒意思』之謂也。

張禮券送給她，她自己愛買什麽就買什麽。

乙：送禮券，省事是省事，可就太簡單，不如配幾色禮物顯着熱鬧吧。

甲：那麽我改個主意，買一塊衣料，再配條圍巾，兩雙尼龍襪子，和一副手套兒，一共是四色。可以了吧？

乙：可以是可以，我看您說的這麽多樣大概都是新娘用的東西吧！新郎方面不點綴*點綴嗎？

甲：還是您想的週到。要不我把圍巾和手套兒換成男人用的，不就兩全其美了嗎！

乙：這就很合適了。喜事是那天哪？

甲：喜帖上寫着哪！啊！下禮拜三。

乙：沒幾天了，下班以後我幫你去採辦吧。

パートに行って商品券を買って贈ろうかと思います、彼女自身で好きなものを買うように。

乙　商品券を贈るのは、手軽ですが、余り簡単過ぎるから贈り物を幾種類か取り合わせて賑かに見えた方がいいでしょう。

甲　それでは私は考えなおしましょう。着物の生地を一着分買って、その上に肩掛とナイロン靴下二足と手袋とを取り合わせると皆で四種類です。よろしいでしょう。

乙　よろしいことはよろしいけれど、ねえ、貴女のおっしゃったこんなにも沢山な品は大方花嫁の使う物でしょう！　花聟の方はかまわないのですか？

甲　やはり貴方は考え方が行き届いていらっしゃいますわ。さもなければ肩掛と手袋とを男物に換えればどちらにも好いようになりませんか。

乙　これで大変具合よくなりました、お慶びは何日ですか？

甲　婚礼の招待状に書いてありますわ！　あ！　次の水曜日。

乙　幾日もありませんね。勤めが退けた後で、貴女と御一緒に行って見立てて買いましょう。

附錄

送禮受禮

甲：我帶來一點兒點心，送給小弟弟們吃的！
乙：讓您破費，謝謝，以後請別這樣客氣吧！
甲：沒什麼，不過是一點兒小意思！

祝結婚

賀客：道喜道喜！像您二位眞是郎才女貌，天成佳偶，此後祝你們二位有個甜蜜美滿的家庭，早生個大胖娃娃吧！
新郎：謝謝謝謝，多謝您的吉言啊！

喜帖

謹詹於昭和〇〇年〇月〇日爲長男〇〇與〇〇〇女士完姻之期敬備菲酌恭請
閤第光臨
〇〇〇〇〇〇 謹訂
席設〇〇〇〇 〇〇時行禮 〇〇時入席

喜幛

〇〇〇〇〇〇先生
〇〇〇〇〇〇女士 花燭之囍
宜室宜家
弟〇〇〇敬賀

第四課　少穿點兒精神

子：眞熱！毛衣可實在穿不住了。

母：小心點兒！天兒乍熱還不能隨便脫衣服。

子：不要緊。我在襯衫外頭加一件毛背心就行了。

母：你是剛打完棒球兒囘來，休息一會兒自然就不熱了。

子：弟弟們還穿着工裝褲子呢。

母：你現在要沒別的事，就給他們換上短褲和襪套兒吧。

子：瞧這一身汗*！乾脆我拿着大毛巾，臉盆，肥皂，帶他們去洗澡吧。

母：那更好了。隨手帶着乾淨衣裳，好給他們換上。

子：我想不用多帶衣裳，天熱少穿點兒精神。

*渾身是汗。

第四課　薄着の方が気持が好い

子　本当に暑い！　毛糸のものなんか全く着ていられなくなった。

母　気を付けなさいよ！　俄かに暑いからといって、まだ勝手に着物を脱ぐ事は出来ません。

子　かまわないよ。僕はシャツの上に毛糸のチョッキを一枚重ねればそれでいい。

母　貴方は野球をして帰って来たばかりだから暫く休めば、自然に暑くなくなります。

子　弟達はまだ作業ズボンをはいているよ！

母　貴方は今若し外の用がなければ、半ズボンとソックスとに替えて上げなさい。

子　ほら、此の体中の汗！　いっそ僕は湯上がりタオルと洗面器と石鹸とを持って、彼等を連れていってお風呂に入ろう！

母　その方がいいわ。序でに、あの子達に着替をさせて上げるように、きれいな着物を持って行きなさい。

子　僕は着物を余計に持って行かなくてもいいと思う、

母：好了，快去快回，晩飯就要得了。

第五課　連洗帶燙

甲：你這套西裝在那兒洗的？

乙：就是公司對門那一家洗染店。

甲：洗的眞乾淨，燙的也眞挺，連洗帶燙多少錢？

乙：我這是三件，上裝・褲子・背心，並且又是厚呢子的，因此洗燙一共是五百。

甲：價錢可比普通的舖子貴呀！

乙：你又要*洗的好，又要價錢巧，那兒有哇！

甲：我再問你，這是眞正的乾洗嗎？

乙：大概是用汽油洗的吧。他們敢保險不能洗走了衣服的樣子。

甲：我有一套嗶嘰的西裝，洗過一回就縮*了，

*俗語說：又要馬兒好、又要馬兒不吃草。

*是縮小了。

暑いから、薄着の方が気持がいいよ！

母　さあ、はやく行ってはやく帰っていらっしゃい、お夕飯がもう直ぐ出来ますからね。

第五課　洗濯と仕上げをこめて

甲　貴方の此の洋服は何処でお洗いになりましたか？

乙　会社の向いのあの洗濯屋です。

甲　洗いがとてもきれいで、アイロンの掛け方も本当にピンとしています。洗濯とアイロンとで幾らですか。

乙　これは三ッ揃い、上着とズボンとチョッキで、その上又厚いウールですから、それで洗濯アイロン合計で五百円です。

甲　値段はまた普通の店より高いのですねえ！

乙　貴方は洗いも上手、値段も手ごろであって欲しいなんて、何処にそんな事があるものですか？

甲　それにねえ、これは本当のドライクリーニングですか？

乙　大方揮発油で洗ったのでしょう！　彼等は服の型が崩れることはないとはっきり保証していますよ。

甲　私はサージの洋服を一着持っていますが、一遍洗

簡直穿不得了。

乙：你那家舖子恐怕靠不住，一定是用水洗的。我介紹你到我說的這家去洗。多花一百兩百的也上算。作一套新的得*多少錢哪！

第六課　親手織的

學生李：小王，門房有你一個郵包，快去拿去。

王：好消息，大概是我母親給作的大衣寄到了。

李：別光顧了高興，得帶着圖章，才能給你哪。

王：對。你要不提醒我，我又得白跑一趟。

李：什麼好東西？那麼厚！

張：原來是他未婚妻寄來的。

李：怪不得他樂*的嘴都合不上了。

王：你別羨慕我，你自己也有啊！

*需要的意思、在此處得是動詞
又例：他得吃得用、怎麽省、一月也得幾千塊。

*笑得

ったら縮んでしまって、全然着られなくなりました。

乙　貴方のその店は恐らく信用出来ませんね、きっと水で洗ったのです。私が紹介しますから、私の言っている此の店に行ってお頼みなさい。百円一百円余計に使っても得です、新しいのを作ればどれ位かかることか！

第六課　手ずから編んだのだ

学生李　王君、門番の部屋に君の小包があるから、はやく取りに行って来給え。

王　それはシメた。大方僕のお母さんが作ってくれたオーヴァーがとどいたのだろう。

李　只有頂天になっていないで認印を持って行かなければ、渡してくれないよ。

王　そうだ。君がもし僕に注意してくれなかったら、又無駄足をしなければならなかった。

李　どんな好い物？　そんなにぶ厚い！

張　おやおや彼のフイアンセが送って来たのだ。

李　道理で彼は口がふさがらない位ニコニコしている。

王　羨ましがるなよ、君だっているじゃないか！

李：我連女朋友都沒有，更不用說未婚妻了。
張：別說廢話*，快打開讓我們大家看看。
王：這個郵包綑的好結實，還是用剪子剪開吧。
李：喝！好漂亮的毛襪子，是她親手織的吧！
張：那還用問嗎*！買的那兒都有，何必寄來呀！

*沒用的話。

*換句話說：你不是『明知故問』嗎？

第七課　定做的滿意

顧客：請問我要作套西裝，大概得多少錢？
店夥：我們這兒有三種辦法，有現成的，或是定作的，現在新添一種易得式的，價錢既便宜，穿着不合適的時候，可以免費修改。
客：這種辦法的確很好。不過我的意思，還是喜歡定作，穿着滿意，多花一點錢倒是小事。

李　僕はガールフレンドさえいない、フィアンセなんて尚更言う迄もないよ。
張　よけいなこと言わないで、はやく開けて、僕達みんなに見せてくれ給え。
王　此の小包はとてもしっかりくってある、やはり鋏で切ろう。
李　ほう！　とても素敵な毛糸の靴下だ、彼女が自分で編んだのだろう？
張　そこまで聞くなよ！買うのなら何処にでもある。送ってよこすことはないじゃないか。

第七課　誂えのよろこび

客　ちょっと、私は洋服を一着作りたいのですが、大抵幾ら位かかりますか？
店員　手前共の処では三通りのやり方がございます、出来合いのものと、或はお誂えと、現在新たにイージーメードを加えて居りまして、お値段がおやすい上に、お召しになって合わない時には、無料でお直しすることが出来ます。
客　そのやり方は確かに大変いいが、しかし私は、やはり誂えたい。着て気持がいい。お金が少々余計にかかっても、むしろ小さな事です。

夥：那更簡單，手工我們這兒可說是遠東第一，材料是您買好拿來，還是用這兒的呢？

客：你們這兒材料要是齊全，我就不必到別家去買。

夥：那麼您請看。我們這兒四季的材料都有。

客：現在最時興的是那種材料？

夥：還是得數開斯米。您看這種顏色怎麼樣？

客：這種淺灰的我很喜歡。作一套連工帶料得多少錢？

夥：這是純粹英國料子，三千五一碼，照您的身材總得三碼。這兒的手工是出色的考究*。工料一總算，總在兩萬左右吧。

客：我想也得這個數目。不過能不能稍微打點兒折扣呢？

*特別講究。

店員　それはなお簡単です。仕事は手前共の所は極東第一と申せます。生地はお買いになってお持ちになりますか、それともやはり此処のをお使いになりますか？

客　ここに生地がもし揃っていれば、余所へ買いに行くには及びません。

店員　それではどうぞ御覧下さい。手前共には四季の生地が皆ございます。

客　今一番流行っているのはどの手の生地ですか？

店員　やはり、カシミヤでなければ。御覧下さい、この手の色は如何でいらっしゃいますか？

客　此の種の薄鼠色のは大変好きです。一揃い作るのに手間・生地共で幾らかかりますか？

店員　これは純粋の英国生地でございます。一ヤール三千五百円でございます。あなた様の御身長によるとどうしても三ヤール要ります。此処の仕事は格別念入りに研究していますから、手間賃・生地代合計してどうしても二万円前後でございましょう。

客　私もその位かかると思っていた。だが少し割引いてもらえますか？

夥：我們這兒是貨眞價實，信用第一，您儘管*放心，不能給您多算。

客：作得好，我給你們介紹主顧。

夥：謝謝，給您量尺寸吧。您喜歡單排扣子的呢，還是雙排的呢？

客：請你拿樣本來，我看看。

夥：樣本都在這兒呢。您的體格魁梧，穿雙排的一定顯着很精神，很大氣。

客：這個樣子好，就照牠作吧。

第八課　挑來挑去

同學吳：快開學了。瞧我的鞋都穿破了。陪我買雙鞋去，好不好。

趙：可以。今天我湊巧沒事。咱們先看看報上的廣告，什麼百貨店減價。

*放寬心、一點兒也不必考慮的意思。

店員　手前共の処は品が確実で値段も一杯でございます。信用が第一。十分御安心下さい。あなた様から余計には頂きませんから。

客　良く出来れば、おとくいを紹介しましょう。

店員　有り難うございます。寸法をお計り致しましょう。シングルがお好きでいらっしゃいますか、それともダブルでございますか？

客　スタイルブックを持って来て下さい、見てみましょう。

店員　スタイルブックは皆此処にございます。あなた様は御体格が御立派でいらっしゃいますから、ダブルをお召しになると、きっときりっとして大変おおらかに見えます。

客　此の型がいい、この通り作って下さい。

第八課　あれこれ選んで

級友呉　もう直ぐ学校が始まるわ。ほら、私の靴すっかり破れてしまった。私のお附合いで靴を買いに行って頂けない？

趙　いいわ、今日は私丁度いいことに用が無いの。先に新聞の広告を見てみましょう。どのデパートが安売りしているか。

吳：好些呢！先去看看比較比較價錢和東西再買。

趙：你是眞精*。我問問你，你是買帆布鞋還是買皮鞋？

吳：帆布鞋最大衆化。皮鞋一雙總得好幾千吧。

趙：皮鞋雖然貴，可是東西結實。一雙皮鞋起*碼穿一年，破了還能補。多花點錢並不吃虧。

吳：照你說，還是買皮鞋上算？

趙：當然。帆布鞋便宜是便宜頂多穿半年。我勸你別圖*省錢，一勞永逸，買雙皮鞋多穿些日子；多省*心哪！

吳：話是*這麼說，可是我的錢要是不够，你能替我墊上嗎？

趙：好，我陪你去挑，外帶着借款。這叫人情作到底。不過你家裡滙來錢的時候，可別

*買東西的好手。精明仔細之意。

*可以用『至少』代替。

*貪圖之意。

*可用省事代替。

*這個『是』表示的確。

呉　沢山あるわね！　まず見に行って、値段と品物とを比較してみて其の上で買いましょう。

趙　貴女は本当に抜け目がないわね。あのね、貴女はズックをお買いになるの、それとも皮靴をお買いになるの？

呉　ズックが一番大衆化しているわ、皮靴は一足どうしても何千円もするでしょう。

趙　皮靴は高いけれど、丈夫で一足の皮靴が最低一年穿けて、破れてもまた修繕出来るから、余計にお金を出しても決して損はしないわ。

呉　貴女のおっしゃるのに拠ると、やはり皮靴を買った方が得かしら？

趙　当り前よ。ズックはやすい事はやすいけれど、せいぜい半年よ。私貴女にお勧めするけれど、お金を倹約しようとなさってはいけませんよ、一度苦労すればいつまでも楽だから。皮靴を買えばずっと長く履けて、ずっと気が楽ですよ！

呉　それはそうと、でも私のお金が若し足りなかったら、貴女は私にお金を立て替えて下される？

趙　いいわ、御一緒に選びに行って、おまけにお金もお貸しするわ。これを「乗りかゝった船」と言うのよ。だけれど貴女のお家からお金を送って来た

*俗語

*是一種口號此處借用有自慰之意。

*此處讀一聲，表示不耐髒之意。又有『不禁穿』『不禁用』如：材料不結實不禁穿。錢太少、不禁花、不禁用。

*又如『老毛病』表示根深蒂固不易改之意。

忘了還我。

吳：一定一定，「有借有還，再借不難」*。對不對？

趙：我向來主張「人生以服務爲目的」*。時間不早了，要去就快去吧。

趙：你挑來挑去，我看還是這雙皮鞋樣子好，皮子看着也結實。

吳：這淺咖啡色，怕不禁*髒。

趙：你又不是三歲的小孩，穿的時候仔細點兒，再常擦點油，就老跟新的是的。

吳：聽你的話，我忍痛犧牲四千圓買這雙皮鞋就是了。

第九課　要買就現在買

甲：今年年底等我拿到雙薪的時候，一定要去買件好東西。

乙：我知道你的老*脾氣是一有錢就花，決攢不

ら、返す事を決して忘れてはいけないことよ。

呉　きっと、きっと、「借りて返せば後がきく。」そうではない？

趙　私は従来「人生は奉仕を以て目的と為す」という事を主張しているのよ。おそいから、行くならはやく行きましょう。

趙　貴女はあれこれ選んでいらっしゃるけれど、私はやはりこの皮靴が格好がいいと思うわ。皮も見たところ丈夫だわ。

呉　この薄い茶色は、汚れっぽいかしら。

趙　貴女だってもう三歳の子供ではないのよ。履く時に気をつけ、其の上始終靴墨を塗れば、いつも新しいのと同じようですよ。

呉　貴女の言うことをきいて、清水の舞台から跳び降りたつもりで四千円奮発してこの皮靴を買う事にしましょう。

第九課　買うなら今だ

甲　今年の暮に、私がボーナスをもらったら、きっと好い物を買わなくては。

乙　私は貴女の昔からのくせは、お金があると直ぐ使い、決して貯めておけない、という事を知ってい

下。錢還沒到手，已經派*好了用項了。

甲：笑話！有錢不花，丢了不是白*搭嗎！

乙：對！我還問你，你是買吃的還是買用的？

甲：吃的用的我倒都不缺。我要買的是穿的，一件皮大衣。

乙：日本冬天並不至於太冷，不穿皮的也過的去。

甲：可是我想了多少年了。早晚非買上不可！

乙：你打算買什麼皮子的？

甲：我知道你這個生長在北方的人，對於皮子很內*行，所以我特別來請你給我作個顧問，行不行？

乙：那有什麼不行。不過我也是一知半解，隨便談談，給你作個參攷。我想你要愛漂亮講究，那當然是黃狼和灰背最好。又輕又

*派定之意。

*等於白饒的意思。

*也可說『在行』。

るわ。お金がまだ手に入らないのに、もう使い途をちゃんと割り当ててしまうのだから。

甲　冗談でしょう！　お金があって使わず、そして失くしてしまったらなんにもならないではない？

乙　其の通り！　又お尋ねするけれど、貴女は食べる物を買うの、それとも使う物を買うの？

甲　食べる物も使う物も私には皆不足していないわ。私が買いたいのは着るものなの――毛皮のオーヴァー。

乙　日本の冬は決してひどく寒くはならないから、毛皮のを着なくても過せてよ。

甲　だけど私は何年も欲しかったの。いずれどうしても買いたいのよ。

乙　何の毛皮のをお買いになるつもり？

甲　私は、北方に育った貴女が毛皮に対してはなかなか玄人だという事を知っていますわ、ですから特に貴女に、私の顧問になって下さる事をお願いします。いいこと？

乙　何のいけない事があるものですか、でも、私もやはり生噛りですから、思いつきを話して御参考にしましょう。私考えるのだけれど、貴女がもしきれいで凝ったのが好きならば、それはきっとミン

暖，又好看。

甲：像我一個公務員，每天跑出去上班，擠電車，穿那麼細緻的皮子，不是有點糟*踏東西嗎！

乙：說的是呢！那種皮子太嬌嫩，不禁磨，價錢說出來實在驚人，不是咱們這種薪水階級，買得起*的。我看你就老老實實的買件羊皮的好了。

甲：除了灰鼠黃狼羊皮以外，難道沒有別的嗎？

乙：有是有。比方說東北出產的貂皮。那很有名，比黃狼還貴。水獺啦多半作皮領子和帽子。狐皮很重，價錢也不便宜。至於虎皮又粗又厚，只能作皮褥子用。沒有用牠作大衣裡*子的。

甲：這麼一說，羊皮就羊皮吧。好歹是皮子。

*故意毀壞之意。

*反面是『買不起』表示自己的錢不夠買的。

*反面是『面子』。

クとリスの脊中とが一番好いわ、軽くて、暖く、きれいでもありますよ。

甲　私の様な公務員が、毎日いそいで役所へ出かけて、電車に押しもまれるのに、そんなにこまやかな毛皮を着ては、品物をいためないかしら！

乙　そうなのよ！　あの毛皮は余りにもお上品過ぎて、すり切れ易く、値段を言うと吃驚しますよ、我々こういうサラリーマン階級の買えるものではありません、私は、だから貴女がおとなしく羊皮のをお買いになるのがいいと思うわ。

甲　リス、ミンク、羊皮の外にまさか外のが無いのではないでしょうね？

乙　有るには有るわ、例えば東北産の貂の皮、それはなかなか有名で、ミンクよりももっと高いのよ、獺なんかはほとんど襟と帽子とを作るのよ。狐の皮は重くて、値段もやすくなく、虎の皮となるとあらくて、厚く、只皮の敷物にして使う事が出来るだけです。それでオーヴァーの裏にしたのはありませんわ。

甲　そうおっしゃるのならもう、羊皮なら羊皮でいいわ。どうせ皮には違いないんだから。

乙：別看不起羊皮。羊皮一來結實二來暖和，穿上也不難看，價錢還是最實在。

甲：聽你的。老實說，我的錢也只够買羊皮的。

乙：再說要買就現在買：一起秋風，皮子就要漲價了。

甲：那麼咱們哪天去物色物色，有合適的就買。好在不等着穿。

第十課　傳統的藝術

甲：您這張鏡框是刺繡吧！

乙：唉呀！您的眼睛好厲害呀！

甲：我猜這大概是蘇繡吧！

乙：沒想到您一個外國人，會對中國的刺繡有這麼大研究呢！

甲：不敢當。中國的刺繡本來是世界有名的。

乙：難得*您這麼欣賞中國的藝術。讓我來講給

*外國人能眞正欣賞中國藝術的很少、很難得此地表示我很高興你欣賞之意。

乙　羊皮を軽蔑してはいけません、羊皮は丈夫で、暖かで、着ても見苦しくありません。値段もやはり一番手頃です。

甲　おっしゃる通りにしましょう。本当の処を言うと私のお金も只羊皮が買えるだけなのよ。

乙　それに、買うのなら今の内です。秋風が起つとすぐ、毛皮は値が騰がりますよ。

甲　では私達はそのうち捜して、適当なのがあったら買いましょう、幸いにも今直ぐ着るのではありませんから。

第十課　伝統のある芸術

甲　貴方の此の額は刺繡でしょう!?

乙　おや！　貴方の目はとても鋭いですね！

甲　これは大方「蘇繡」だと推量しますが！

乙　貴方の様な外国人が、中国の刺繡に対して、この様に深い御造詣がお有りになろうとは、思いも寄りませんでしたよ！

甲　どう致しまして。中国の刺繡は、もともと世界で有名なのです。

乙　貴方が此の様に中国の芸術を鑑賞なさるとは有り

您聽吧！中國的刺繡大體分三種。

甲：究竟是那三種呢？

乙：京繡，湘繡，還有您剛才所說的蘇繡。

甲：有什麼顯著的區別嗎？

乙：蘇繡是江蘇蘇州的農家婦女在農閒的時候，用刺繡來消遣。蘇州本是山明水秀的地方，所以蘇繡非常精緻，顏色配的格外文雅，素淨。

甲：我也最喜歡蘇繡。

乙：湘繡是湖南地方的出產，大半都是男人繡的。

甲：眞的嗎？男人也會作這種細活兒嗎？

乙：沒什麼稀奇！裁縫不多半是男人嗎。

甲：我不再打岔*，您接着說吧！

*忽然問了一個別的問題。

乙：湖南有刺繡工廠，大量生產。專繡大幅的

難いことです。ひとつお話をしましょう。中国の刺繡は大体三種類です。

甲　一体どういう三種類ですか？

乙　「京繡」「湘繡」それに、貴方が今しがたおっしゃった「蘇繡」があります。

甲　何か顕著な区別がありますか？

乙　「蘇繡」は江蘇省の蘇州の農家の女の人が農閑期に刺繡をして、暇な時を過すのです。蘇州はもともと山紫水明のところですから「蘇繡」は大変精緻で、色の配合は格別に雅かで、すっきりしています。

甲　私も「蘇繡」が一番好きです。

乙　「湘繡」は湖南地方の産物で、ほとんど皆男の人が縫いとりするのです。

甲　本当ですか？　男の人も此の様な緻密な手仕事が出来るのですか？

乙　別に珍しい事はありませんよ！　仕立屋さんがほとんど男の人ではありませんか。

甲　私はこれ以上話をそらしませんから、続けてお話し下さい！

乙　湖南には刺繡の工場があって、大量に生産し、縫

東西像繡花被面，整套的戲裝，舊式婚禮的禮服，繡花山水花卉人物的屛風，掛屛什麼的。繡的比較粗線條，顏色是大紅大綠非常鮮明，倒很受外國人的歡迎，每年出口很多，給國家賺不少的外滙呢。

甲：我所見的也是以湘繡爲多。

乙：此外，京繡不過是滙合蘇繡和湘繡的方法，而是在北京出產的。多半繡些小件的，比方說：繡花邊啦，繡花鞋面啦，繡花針線盒，信夾子等等。

甲：什麼地方可以買到這種刺繡呢？

乙：從前北京前門*外頭有專賣繡貨片的舖子，各種花樣圖案都有。目前在國外恐怕得到古玩舖去看看也許有吧！

甲：謝謝你講給我聽，給我長了不少的見識。您牆上掛的鏡框，也是買的嗎？

乙：不是，這還是結婚的時候，一位故去的姨

*北京一個地名

いとりの掛蒲団の表、一式揃いの芝居の衣裳、旧式な結婚の式服、山水や草花や人物を縫いとりした屛風、カーテンの様な、大きな物を専ら刺繡します。刺繡の仕方は比較的に糸が太く、色彩はけばけばしく、非常に鮮かで、却って外国人に喜ばれ、毎年輸出が大変多く、国家の為に少からざる外貨を獲得しているのですよ。

甲　私の見たのもやはり「湘繡」が多いのです。

乙　此の外、「京繡」は、「蘇繡」と「湘繡」とのやり方を合わせたのに過ぎませんで、しかも北京で出来るものです。ほとんどは小ものを刺繡するのです、例えば刺繡したレースだの、刺繡した中国靴の表だの、刺繡した針箱だの状差し等。

甲　何処で此の種の刺繡が買えますか。

乙　以前は北京の前門外に刺繡した小裂を専門に売る店があり、各種の模様や図案が皆ありましたが、現在国外では多分骨董屋に行って見れば、有るかも知れませんよ！

甲　色々お伺いして沢山の知識を得まして有り難うございました。壁に掛けておありになる額もお買いになったのですか？

乙　いいえ、これはやはり私が結婚した時に、亡くな

母，親手繡了送給我的。

甲：這麼說起來是很有紀念性的了！

った伯母が手ずから刺繡して私に下さったのです。

甲　そうおっしゃると大変思い出のあるものなのですね。

第二部　食

第一課　能賞光嗎？

王：佐藤先生，慢點走！

佐藤：我知道王先生沒太太管着，所以不着急我可沒您那麽自由！

王：別說得那麽可憐！怎麽樣？我打算請您在外頭吃頓飯，能賞光嗎？

佐藤：多謝您的好意，我得先*請示內人。

王：這麽辦吧。請您打個電話給家裡，請佐藤太太也出來，咱們在新橋車站等她，一塊兒去吃中國菜，好嗎？

佐藤：那不是叫您*太破費了嗎？

王：那兒的話！昨兒晚上打了幾圈麻將，沒想到*贏了。我又沒有家眷，有了錢，就是吃點是*眞的，老跟您誇口中國菜，今天特別

*徵得自己妻子的同意或說得到她的允許。

*花錢很多之意。

*贏的反面是輸用在賭博上是輸和贏。用在戰爭上是勝和敗。

*眞的享受之意。

第一課　お出で頂けますか？

王　佐藤さん、ゆっくりしていって下さい。

佐藤　そりゃあ王君は監督する奥さんがいないから、あわてないのだよ。私は君程そんなに自由ではないのだ！

王　そんなにあわれっぽく言わないで下さい！　如何です？　私は貴方に、どこか他処で食事をして頂きたいのですが、私の顔を立てて、おいで頂けるでしょうか？

佐藤　御厚意を感謝致しますが、先に家内に聞いてみなければなりません。

王　こうなさって下さい。どうかお家に電話を掛けて、奥さんにもお出掛け願って、私達は新橋駅でお待ちして、一緒に中国料理を食べに行きましょう。いかがですか？

佐藤　それは余り貴方に御散財をおかけするのではありませんか？

王　どう致しまして！　昨夜数ジャン麻雀をやって、思いがけなく勝ったのです。私はそれに家族がいません。お金が出来れば、只食べるというのが楽しみなのです。いつも貴方に中国料理の事を自慢

要請您去嚐嚐。

佐藤：這麼一說，我們口福不淺哪！

王：您不必客氣，我不也常在府上打擾嗎？好了，佐藤先生，您愛吃*北方舘兒還是南方舘兒呢？

佐藤：我雖在中國住過多年，到的地方不多，各地的口味不大清楚，請您看着辦吧！

王：那麼我請您嚐嚐我們的家鄉味兒吧！

*北方館兒和南方館兒的口味不同、北方館善作麵食、口味重、南方善作海味、口味輕。

していますから、今日は特に貴方に召し上って戴き度いのです。

佐藤　こうなって来ると、私共は福分がありますね！

王　貴方遠慮なさる事はありませんよ、私もいつもお宅で御馳走になっているではありませんか？　さあ、佐藤さん、貴方は北方料理がお好きですか、それとも南方料理ですか？

佐藤　私は中国に多年住んだ事はありますが、行った処が少いので、各地の味は余りはっきり知りません。どうぞ貴方見計らって下さい！

王　では私達の故郷の味を一つみて戴きましょうか！

附錄

請帖

謹啓者　昭和〇〇年〇月〇日爲〇〇家慈古稀壽辰茲奉
慈命於該日午後〇時敬備菲酌恭候
臺光
〇〇〇謹訂
地點：席設本宅

茲定於月之〇日午後〇時潔樽恭候
臺光　　〇〇〇謹訂
席設本宅

第二課　菜太多了

王：佐藤太太，您是主客，請您先點兩個菜吧。

佐藤太太：不敢當，對於中國菜，我恐怕不在行。

王：沒關係，咱們都是自己人，您看這個菜單子，喜歡吃什麼，點什麼好了。

太太：恭敬不如從命，我就點熘魚片兒(一)和軟炸(二)鷄，你們贊成嗎？

王：都是好菜，尤其是熘魚片是這個飯館兒的拿手菜*，可見得*您對中國菜很內行。佐藤

*最出名的、最擅長、最有把握的菜。
*可以知道。

〇月〇日（禮拜〇）中午〇時敬備菲酌恭請
臺光　　〇〇〇謹訂
席設〇〇〇　〇〇區〇〇町〇〇番地

第二課　お料理は多過ぎます

王　佐藤さんの奥様、貴女は主賓でいらっしゃるから、どうかあなたから先に料理を二つ三つお択び下さい。

佐藤夫人　どう致しまして、中国料理に対しては、どうも不案内ですから。

王　かまいませんよ、私達は皆うちわの者ですから、貴女はこの献立表を御覧になって、お好きな物を何でもお択びなされればよいのですよ。

夫人　「恭敬は仰せに従うに如かず」ですから、では私は「熘魚片児」と「軟炸鶏」とにきめますが、あなた方御賛成いただけますか？

王　皆いいお料理です。取り分け「熘魚片」は此の料理屋の得意の料理です。貴女が中国料理に対してなかなか玄人だという事が分りますね。

先生，現在該您點了。
佐藤：既然内人已經點過了，就算代*表我吧。
王：別客氣，咱們三個人至少得*四個菜，您何必替我省錢。
佐藤：那麼我就依實，我點個清(三)炒蝦仁。如何？
王：好，那麼得先來個拼(四)盤兒好下酒*，這兒的軟炸鷄又叫脆皮鷄，等會兒請您二位批評批評。作得相當好，不過這幾個菜都不大下飯，夥計，再給來個紅(五)燒獅子頭，要大件兒的。
夥計：另外給您配個酸辣湯，好不好？
王：這種湯是用鷄血豆腐和菠菜作的：湯裡擱醋和胡椒末，所以又酸又辣，倒是開胃*，不知道佐藤先生能吃辣不能？
佐藤：我們今天不是應邀，特來欣賞中國菜嗎

*有替代的意思。

*此處『得』爲需要之意、又『例』：這麼多人、得一間大屋子、才容得下。

*好下酒以便多喝酒因爲有酒菜陪襯的緣故 下飯｜是形容詞、例：這個菜下飯表示吃着這個菜、能多吃飯之意。

*打開胃、使牠容量增加。

佐藤さん、今度は貴方が択びなさる番ですよ。
佐藤　家内がもう択んだのですから、それで私に代った事になるでしょう。
王　遠慮なさいますな、私達三人は少くとも料理が四ついる、私の為に節約して下さらなくてもいいですよ。
佐藤　それでは遠慮なく。「清炒蝦仁」にします。如何です？
王　結構です。それではお酒の肴に、まず拼盤を持って来て貰うことにしましょう。此処の「軟炸鶏」は又「脆皮鶏」とも言います。あとで貴方がたお二人に一寸批評して頂きましょう。かなり上手に出来ていますよ。でもこの料理は皆余り御飯のおかずにはならない。ボーイさん、尚此の外に「紅焼獅子頭」を持って来て下さい、大皿のがいい。
ボーイ　外に「酸辣湯」を添えては如何でしょう？
王　このスープは鶏血豆腐と菠薐草とで作ったものです。汁の中に醋と胡椒とを入れてあるので酸っぱくて辛いので、却って食慾を進めますが佐藤さんは辛いのが上れますか？
佐藤　私達は今日はお招きに応じて、わざわざ中国料理を賞味しに来たのではありませんか？　何の頂

有什麼不能吃的?!

王：那麼就決定酸辣湯吧，我知道您是每飯必酒，夥計來一斤白乾兒(六)，佐藤太太能喝不？

佐藤：她簡直不行，一聞見酒味兒，臉就紅了。

王：啤酒總能喝吧。

夥計：您不要兩個甜菜嗎？

王：對，給我們預備八寶飯(七)和杏仁豆腐(八)吧。

夥計：先生，您不是最愛吃這兒作的花捲兒(九)嗎？今天大師傅*高興，特別預備的有銀絲(十)捲兒。

佐藤：哎呀，菜太多了，咱們不必再要什麼了。恐怕吃不了吧。

王：不要緊，他們這兒的銀絲捲兒作的很鬆的。就是吃飽以後，也能當點心，隨便塞*兩個。夥計，來三盤兒吧，今天有貴客，告訴大

*廚子的尊稱。

*塞讀一聲，塞進胃中之意。胃中已滿，硬塞兩個花捲也可。

けない物が有りましょうか?!

王　それでは「酸辣湯」に定めましょう。私は貴方が御飯の度に必ずお酒が要ることを知って居ります。ボーイさん、「白乾児」を一斤持って来なさい。奥さんはお飲みになれますか？

佐藤　あれは全然いけません。酒の匂を嗅いだだけで直ぐ顔が赤くなるのです。

王　ビールなら飲めるでしょう。

ボーイ　甘いお料理は少し要りませんか？

王　そうだ、「八宝飯」と「杏仁豆腐」とを用意して呉れ給え。

ボーイ　旦那様、貴方様は此処の「花捲児」が一番お好きではないのですか？　今日は板前の機嫌がよくて、特に「銀糸捲児」を用意しておりますが。

佐藤　いやあ、お料理が多過ぎる。私達はもう此の上何も要りませんよ。恐らく食べ切れないでしょう。

王　大丈夫ですよ、ここの「銀糸捲児」はなかなかふわっと出来ていますから、たとい腹一杯になった後でも、お茶うけに何となく、一つや二つつめこんでしまえますよ。ボーイさん、三皿持って来て

*上菜—端上之意。

*心裡明白之意。

師傅作好着點兒，菜慢慢地上*，我們要吃熱的，先燙酒來吧！

夥計：是，是，有數*，有數。

くれ給え、今日は大事なお客がいらっしゃるから、板前にうまく作るように言ってくれ給え、料理はゆっくり出すこと。私達は熱いのを食べたいから。先に酒を煖めて持って来給え！

ボーイ　はいはい、承知しております。

補注

一　熘魚片：魚肉を刺身位に切って天ぷらにし、くずに味をつけた熱いたれをかけたもの。

二　軟炸鶏：鶏肉を三センチ角位に切って空揚げしたもの。

三　清炒蝦仁：小蝦の皮を剝いて野菜と共に塩味にいためたもの。

四　拼盤児：ハム・ソーセージ其の他鳥獣魚肉鶏鴨卵等を味付けしたものを皿に盛り合わせた涼菜をいう。

五　紅焼獅子頭：ひき肉をおだんごにまるめて油でやいたものを野菜と煮込んだもの。

六　白乾酒：高粱で作った中国の焼酎平均六十五度位。

七　八寶飯：甘く味のついたもち米の飯、表面を干果物・ぶどう・青梅・棗・くるみ・山楂子で色取ったもの。

八　杏仁豆腐：杏の白い核をすりつぶして汁をしぼり寒天でかためたもの。適当に切ってシロップを加えて食べる。

九　花捲兒：メリケン紛をこねて発酵させひねって形をつくりふかした餡のない饅頭をいう。

十　銀絲捲兒：メリケン粉をこねて発酵させ糸のように伸ばしてしぼりタオル位に束ね一寸ひねってふかした饅頭。ちぎるとバラバラと銀糸状になる。

第三課　家長里短兒

王：佐藤先生請，太太請。

佐藤：那麽我們不客氣了。第一我們要謝謝主人，祝您健康。乾杯吧。

王：謝謝，祝你們二位健康，乾杯，乾杯。

佐藤：我們預祝您早早兒找到一位合適的對象，那時候我們要喝您一杯喜酒*呢！

王：談到這個問題，還得請您二位幫忙呢！您請吃菜，咱們一面吃一面談。

太太：這個魚片*作的眞嫩。

王：那是把魚片裹上團粉，在大油裡一過就得。

太太：可是家庭裡，决作不出這麽鮮嫩來。

王：館子裡火大油大，所以跟家裡的菜兩個味兒。

*結婚時請客喝的酒叫喜酒生日請客喝的酒叫壽酒。

*用刀片成薄片。第一個片字爲動詞。

第三課　四方山ばなし

王　佐藤さんどうぞ、奥さんどうぞ。

佐藤　では私共遠慮なく頂きます。第一に私共は御主人にお礼申し上げ度い、貴方の御健康を祝して、乾杯致しましょう。

王　有り難うございます。お二方の御健康を祝して、乾杯しましょう。

佐藤　私共は貴方が早くいいお相手をお見付けになるよう今からお祈り致します。其の時には私共は貴方のお祝酒を頂きますよ！

王　そのことになると、尙お二方の御助力をお願い致します。どうぞ料理を召し上って下さい、私達は食べながらお話し致しましょう。

佐藤夫人　此の魚は本当に柔かく出来ていますね。

王　其れは魚を片栗粉でくるんでたっぷりした油の中を一度潜らせれば直ぐ出来ますよ。

佐藤夫人　けれど家庭では、決してこんなに軽く柔かく出来ませんよ。

王　料理屋では火が強く油がたっぷりですから、家庭の料理と味が違うのですよ。

佐藤：怪不得您剛才說這叫脆皮鷄，實在是炸的好，外焦裡嫩，筷子一碰就蘇*！

王：佐藤先生眞能領略到中國菜的好處，不能不乾一杯！佐藤太太，讓我也敬您一杯！

佐藤：謝々，我今天實在喝的不少！

王：您是海量，喝不醉，就是醉了，有太太在旁邊招*呼着，也就沒事了。

太太：好在明天是禮拜，你要是喝醉了，明天在家睡大覺！

王：夫人眞是體*貼，佐藤先生好福氣。

佐藤：內人是老派，可比不了現在一般摩登的太太呀！話說回來了，王先生今年廿幾？也該結婚了吧。

王：您別那麼說，我已經三十出頭了。結婚的

*一種特別的觸覺、很脆、很容易碎裂。

*照應之意。

*體諒丈夫、迎合丈夫的意思。

佐藤　道理で貴方が先程、これを「脆皮鶏」というのだ、とおっしゃったが、全くうまく揚がっている。外がからっとしていて中が柔かく、箸が当るとパラパラになる。

王　佐藤さんは本当に中国料理の好さをよく理解しておられますね。これは一杯乾さないではいられません！　奥さん私にも一杯おしやくさせて下さい！

佐藤　有り難う、私は今日は全く沢山頂きましたよ！

王　貴方はいけるのだから、飲んでも酔いませんよ。たとい酔っても、傍で介抱なさる奥様がいらっしゃるのですから、問題ないですよ。

佐藤夫人　幸い明日は日曜ですから、貴方もし酔ってしまったら、明日は家でよくおやすみなさいませよ！

王　奥様は本当に思いやりがありますね、佐藤さんは何とお仕合せでしょう。

佐藤　家内は旧式で、どうも今の一般のモダンな奥さん達にはかないっこありませんよ！　話が又元に戻った、王さんは今年二十幾つですか？　そろそろ結婚なさってもいいでしょう。

王　そうおっしゃらないで下さい、私はもう三十を越しましたよ。結婚の事は私も考えましたが、しか

事我也考慮過，可就是沒合適的。

太太：您的眼光太高吧？

王：沒有的話，總之是時機不成熟，或是我這個人不够積極，以後還請二位多費心。太太請嚐嚐這個蝦仁吧，還算新鮮。

太太：很好，這個銀絲捲兒味道也眞好，我一連吃了三個了。

佐藤：像王先生這麼規矩誠懇的青年，很難得，我們要物色到合理想的人物，一定給您介紹。

王：您二位熱心給我作媒，我這兒先謝謝，請再乾一杯，太太請隨意！佐藤先生，府上有幾位小弟弟，小妹妹呀？

佐藤：只有一個男孩。

王：今年幾歲了？

太太：去年二月初一生日，算算整一歲零三個

し只適当なのが無いのですよ。

佐藤夫人　貴方のお目が余り高過ぎるのでしょう？

王　そんなことはないのですが、要するに時期が熟さないのか或は此の私に積極性が足りないかですよ。これからもお二方に色々よろしくお願い致します。奥さん、どうか此の小蝦を一寸上ってみて下さい。割合い新しい方ですよ。

佐藤夫人　大変結構ですわ。此の「銀糸捲児」の味も本当にいいですわ。続けさまに三つ頂きました。

佐藤　王さんの様なこんなきちんとした誠実な青年は、なかなか得難い、もし理想的な人が見付かったら、きっと貴方に御紹介します。

王　お二人が私の為に熱心におとりもち下さいまして、今からお礼申し上げます。どうぞもう一杯乾して下さい、奥さんはどうぞ御随意に！　佐藤さん、お宅はおいくたり坊ちゃんやお嬢さんがいらっしゃいますか？

佐藤　男の子が一人いるだけです。

王　今年お幾つになられましたか？

佐藤夫人　去年の二月一日が誕生日ですから、数えて

月了。

王：一定很胖吧，像佐藤先生是的。

太太：對了，也是很大的個兒，結實的很，從來不愛病。

佐藤：王先生咱們這杯乾了以後，吃飯吧！

王：不，不，酒還有的是，總得喝個痛快。

佐藤：好，那麽先乾這杯！這個酒聽說很厲害，後勁兒大，我今天一定要醉了。

王：您醉，我也陪着。*這叫「酒逢知己千杯少。話不投機半句多。」來，我再給您斟滿。

太太：竟顧得喝酒，把吃菜給躭誤了。

王：那麽大家都把酒乾了，給您二位*盛飯。

*是一句成語。

*盛在此讀二聲動詞。

みると丸一年と三ヶ月になりますわ。

王　きっと太っていらっしゃるでしょうね、佐藤さんの様に。

佐藤夫人　そうですの、そしてまたなかなか脊も高く、丈夫で今迄余り病気をしませんわ。

佐藤　王さんこれを飲んでしまったら、御飯を頂きましょう！

王　いやいや、お酒はまだ沢山ありますよ、どうしても痛飲しなくては。

佐藤　よろしい、ではまずこの盃を乾しましょう！此のお酒はなかなか強くて後でとても利いて来るのだそうですが、私は今日はきっと酔っぱらいますよ。

王　貴方がお酔いになるなら私も一緒にお付合いしましょう。これを「酒は、知己に逢って共に飲めば千杯と雖も足りない。話は、双方気が合わなければ、半句でも余計だ。」と言うのです。さあ、もう一杯おさし致しましょう。

佐藤夫人　お酒を飲むことにばかり気を取られて、お料理を頂く方がお留守になってしまいました　。

王　では皆さんお酒をお乾し下さい。お二人に御飯をおつけしましょう。

佐藤：這個湯很好，吃着身上暖和起來。再給我添半碗飯好了。
王：甜菜上的太快了吧？
太太：菜也吃得差不多了。
王：您二位請吧，八寶飯是應該趁熱吃的。
佐藤：我們今天實在是酒足飯飽，多謝主人。
王：那兒的話，謝謝二位賞光，這兒有擦手的手巾，請用吧，今天實在待慢，對不起的很。
佐藤：您太客氣，改日我要回請您去吃生魚片，好嗎？
王：謝謝，此地的生魚，一點不腥，您去，我一定奉陪。

佐藤　このスープはなかなか結構ですね、頂いていると体が暖まって来る。御飯をもう半分頂きましょうかな。
王　甘いものの出し方が余りはや過ぎましたね。
佐藤夫人　お料理も大方頂いてしまいましたわ。
王　お二方どうぞ、「八宝飯」は熱いうちに食べるものです。
佐藤　私共は今日は全くお酒も御飯も十分に頂きました。有り難うございました。
王　どう致しまして、お二方よくおいで下さって有り難うございました。ここに手をお拭きになるおしぼりがございます。どうぞお使い下さい。今日は全く何のお構いも致しませんで、誠に申訳ありませんでした。
佐藤　どう致しまして。そのうちお返しに貴方におさしみを御馳走したいですが、いかがですか？
王　有り難うございます、此の地の生魚はちっとも腥くありません。貴方がおいでになるなら、私はきっとお供致します。

第四課　自己作的滋味好

學生甲：今兒下課以後，我得趕緊回家。

乙：我們還預備在一塊兒作功課，你也別忙着走。

甲：你不懂，今天是陰曆五月初五，我家裡過節，我臨上學的時候，母親囑咐我早點回去，幫她包粽子。

乙：作什麼好吃的？

甲：你沒吃過粽子*嗎？其實這兒也有賣的。

乙：有是有，也許沒你們自己作的滋味好。

丙：我現在正餓得慌，你們快別說了，把我說得都饞了。

甲：你們要想吃。我明天帶幾個來，請你們嚐嚐新。

*簡筆意同前。

第四課　自分で作つたのは味がよい

学生甲　今日放課後、僕は急いで家へ帰らなければならない。

乙　僕達はまだ一緒に勉強するつもりなのだから、君も急いで帰っては駄目だよ。

甲　君分らないのだね。今日は陰暦五月五日だよ。僕の家ではお節句をするので、登校する時に、母から僕に少し早く帰って粽を包む手伝いをするように言いつかったのだ。

乙　どういう旨い物を作るのだって？

甲　君は粽を食った事が無いのかい？　本当は此処にだって売っているじゃないか。

乙　有る事は有るが君が自分で作った程の味じゃないかも知れない。

丙　僕は今丁度腹がへってたまらないのだ、君達もう話を止めてくれ、話されるとよだれが出てくるよ。

甲　君達もし食べたいのなら、僕明日いくつか持って来て、珍しいものを一寸賞味して貰おう。

乙丙：歡迎，歡迎，你可千萬別忘了。

甲：不能，我說到那兒，一定作到那兒。再說我還沒老，記性不致於那麼壞。

乙丙：好，好，萬一你要是忘了，我們就一個罰你十個。

甲：行，行。

—•—

甲：你覺得這個粽子作的怎麼樣？

乙：好吃，又軟又香，似乎是竹葉子的味兒！怎麼包法？

丙：這還不容易！我一看就明白。

甲：這個包法是很有研究的。不能太緊，不能太鬆，要恰到好處。記得小時候，我跟妹妹一塊兒學母親包粽子。妹妹手巧，包的又好又快，我呢，無論如何包不出四個角來，就是勉強包上，可直往外漏米。包了

乙・丙　そうだ、そうだ、君は絶対に忘れてはいけないよ。

甲　大丈夫。僕は言った事は必ず実行する、その上、僕は未だ年取っていないから、記憶力がそんなに悪くなっていないよ。

乙・丙　よしよし、万一君がもし忘れたら、僕達は一個に対して十個ずつ罰をとるよ。

甲　いいともいいとも。

—•—

甲　君此の粽はどうだい？

乙　旨い。軟かいし、香りもいいし、竹の葉の香りの様だ。どういうふうに包むんだい。

丙　これはやさしいじゃないか！　僕は一寸見ただけで直ぐ分る。

甲　此の包み方はなかなか考えてあるのだよ。きつ過ぎては駄目だし、ゆる過ぎても駄目で、丁度好い具合にやらなければならないのだ。小さい頃、僕は妹と一緒にお母さんに粽を包むことを教ったのを覚えている。妹は手が器用で、包み方が上手で速いが、僕ときたら、どんなにしても、包みながら四つの角を出しきれないのだ。たとい無理に包

半天，幾乎氣的想放棄了。

乙：凡事都是這樣：「看着容易，作着難」啊！

丙：呦！原來這裡頭還有餡兒呢！

甲：那種餡兒是棗泥的代用品—無花果。因爲這兒不出產棗，還有的是豆沙餡兒，什麼餡兒也不擱的是白粽子，蘸桂花糖*(一)吃的。

乙：我這個怎麼是鹹的？

甲：你吃的是肉粽子，糯*米中間包一塊紅燒猪(二)肉，金華火腿*(三)的代用品。所以味兒是鹹的，你吃得來嗎？

乙：吃得來是吃得來，就是膩一點兒，這粽子個兒好大，一個沒吃完，已經快飽了。

*秋天開的花、木本、顏色有深黃淺黃、花有香味。

*亦稱江米。

*中國著名土產特殊製法。

んでも、ぼろぼろ米がはみ出してしまうのだ。しばらくやって見たが、どうも腹が立ってほうり出し度くなってしまうのだ。

乙　何事も皆そうだよ！「見ていると易しいがやって見ると難しい」のだなあ！

丙　やあ！　なるほどこの中には餡まで入っているのだねえ！

甲　其の手の餡はつぶしなつめの代用品で、無花果だ。こちらでは棗が出来ないからだ。それから小豆餡のも有る。何の餡も入れてないのは「白粽子」で、「桂花糖」をつけて食べるのだ。

乙　僕のこれはどうして鹹いのだ？

甲　君の食べているのは「肉粽子」だ。もち米の中に「紅焼猪肉」が一切入れてある、金華ハムの代用品だ。だから味が鹹いのだ、君食べられるかい？

乙　食べられることは食べられるが、只少ししつッこい、此の粽はとても大きくて、一つ食べ終らないのに、もうお腹が一杯になりそうだ。

補註

一　桂花糖：木犀の花を入れた砂糖。

二　紅焼猪肉：豚肉を醤油で煮つめたもの。

三　金華火腿：中国特産のハム、浙江省金華県のものが最も良い。

第五課　紀念屈原

丙：請原諒我的好奇心，我要問問，過節爲什麼單吃粽子？

甲：昨天是我們的端午節，這一天我們爲了紀念戰國時代楚國人屈原，所以吃粽子。

乙：此地也有這個傳說，不過我記不大清楚了。

甲：我說給你聽吧！屈原是個愛國的文人，本來很得楚王信任，後來有奸臣忌妒他，在王面前，造他的謠言，說他種種壞話。因此楚王生了氣，不但不再用他治理國事，並且把他流放到個極遠的地方。從此屈原就過着孤單凄涼的日子，他一方面憂愁國事日壞，一方面傷心自己的遭遇。因此寫了一部纏綿悱惻的文章，叫作離騷，是流傳後世，千古不朽的名著。終於有一天，

第五課　屈原を憶う

丙　とっぴなことを聞いてすまないけれど、あのねえ、お節句にはどうして粽だけを食べるんだい？

甲　昨日は僕達の端午の節句だ。此の日に僕達は戦国時代の楚の国の屈原を追想する為に、粽を食べるのだ。

乙　此の土地にもその伝説が有るんだ。だが、僕の記憶は余りはっきりしていない。

甲　僕が話して聞かせよう。屈原は愛国の文人だった。元来なかなか楚王の信任を得ていたが、後になって奸臣が現れ、彼を嫉んで、王に、作りごとをいって、色々の悪いことを申し陳べた。其の為楚王は怒って、それからと言うものは彼を用いて国事を治める事をしなかったばかりでなく、其の上彼を或る非常に遠い土地に流してしまった。それから屈原は孤独の寂しい日を送って居たが、国事が日日に悪化して行くのを憂え、又一方自分の境遇に心を傷めていた。それで一篇の、綿々とした哀愁の文章を書いた。それが「離騒」と呼ばれて、後世に伝わった、千古不朽の名著なのだ。遂に或

他悲哀鬱悶到了極點，就起了厭世的心，於是自己抱着塊大石頭跳江自殺了。

丙：哦，原來屈原的事蹟是這樣的，不過這些跟吃粽子有什麼關係呢？

甲：別忙啊！我還沒說完呢！屈原投江的那天，正是五月初五。後來當地的官吏知道他實在是最忠心愛國的人，爲了紀念他，就命令老百姓在每年的那一天用竹葉包着糯米，扔到江裡去，安慰他的靈魂，這意義原是很好的，沒想到這個風俗傳了幾千年以後，就變了形式了。大家在那天，作是作粽子，可是不扔到江裡去，主要爲的是自己吃，並且越作越精緻，擱上各式各種的餡兒。變成民間普遍的享受，再沒有人想到他原來的意義了。你說可笑不可笑！

丙：謝謝你，我們一面吃着粽子，一面聽你說故事。眞美*透了。

*表示很幸福的意思。

る日、彼の悲哀と憂悶とは極点に達して、厭世の心を起し、そこで自ら大きな石を抱いて河に跳び込んで自殺してしまった。

丙　ほう、屈原の事蹟はそうだったのか。だが、それと粽を食べるのと、何の関係が有るんだい？

甲　待ち給え！　僕はまだ話し終っていないよ！　屈原が河に投身したその日は、丁度五月五日だった。後に其の土地の役人が、彼が全く最も忠心愛国の人である事を知って、彼を偲ぶ為に、直ぐ人民達に命令して、毎年其の日に、竹の葉でもち米を包んで河の中に投げ込み、彼の魂を慰めさせた。この意味はもともとは大変よかったのだが、料らずも、このしきたりが数千年伝っているうちに形が変ってしまった。みんなは其の日粽を作ることは作るが、河には投げ込まず、主に自分が食べる為になった。それに、作れば作る程念が入り、色々の餡を入れた。民間一般の楽しみと変って、もう誰も其れのもともとのいわれを憶う人は居なくなってしまった。おかしなもんだね。

丙　どうも有難う。僕達は粽を食べながら、一方では君の物語が聴けて本当によかったね。

乙：我想這種粘性的東西一定不好*消化。吃多了，再一吹風，胃要疼的，剩下的這幾個我們留着慢慢兒吃吧。

丙：對的，江米的東西一次是不可以吃太多的，俗語兒說，*病從口入。還是小心點兒好。

*「好」在此處是「容易」的意思。

*俗語病從口入禍從口出

第六課　換換口味

甲：今天閒着沒事，作什麼解悶兒好呢？

乙：我想起一件事來，關於每天吃些什麼飯菜，這很使我*頭疼，與其每天臨時想，不如今天趁着有工夫，索興安排好一星期的菜單子，你也幫幫忙，出點主意，怎麼樣？

甲：行，那麼我去拿張紙來，咱們隨說隨寫！

乙：禮拜一中午吃餛飩，不反對吧！

甲：敢情好。不過得預備紫菜跟(一)蝦米皮兒*開湯。

*解是解除的意思、解字下可加上某幾個字變成形容詞、或動詞譬如、在家看書解悶兒(動詞)這本書眞解悶兒(形容詞)又例：解恨 解渴 解饞等

*飯菜表示飯與菜

*感覺麻煩

*開等於作的意思、土話、特殊的用法。

乙　僕はこういう粘りこい物はきっと消化し難いと思う。沢山食べて、その上で風に当ると胃がいたくなるよ。残ったこのいくつかは取って置いてゆっくり食べようよ。

丙　そうだ、もち米の物は一遍に余り沢山食べてはいけないのだ、諺に「病は口より入る」と言っている。やはり気をつけるのがいい。

第六課　味を変えて

甲　今日は暇で用が無いが、何をして気晴らしをしたらいいでしょう？

乙　私一つ思い出したわ——毎日何の主食と副食と食べるかが、とても頭痛の種なのよ。毎日其の時になって考えるよりは、今日暇の有るのを利用して、いっそのこと一週間の献立をちゃんとたててしまう方がいいわ。貴女も手伝って、知恵をかして頂戴、どう？

甲　いいわ。それでは私紙を取って来るわ、言う端から書いて行きましょう！

乙　月曜の晝は「餛飩《わんたん》」にしても、反対しないでしょう！

甲　なるほど好いわ。だけど海苔とほしえびを用意し

乙：這兒的紫菜可好極了。蝦米皮兒到處都有，同時用酵子*發上麵，晚上好蒸饅頭吃。

甲：禮拜一的定規了，禮拜二上午烙(二)葱花兒猪油餅吃，晚上我看喝點兒稀的，白菜肉絲(三)下*熱湯麵。怎麼樣？

乙：禮拜二完全按照你的意思，禮拜三晌飯我提議吃炸醬麵(四)，你有沒有異議？

甲：吃炸醬麵好辦，麵碼兒*難預備。

乙：現在黃瓜，毛豆都下來了*，不成問題。

甲：晚上就別再吃麵食，炒倆菜吃飯吧！

乙：換換口味也好，老吃麵飯，也乾得慌。菜呢作個冬筍(五)炒肉絲，要不嫌刺多，就清蒸個鯽魚，小葱拌個豆腐，如何？

甲：鯽魚是河裡的，你可要短了*！

*又名麵肥、北平人多用已經發好的麵留下一塊、作爲酵子。今日人們多用發酵粉。

*北平土話煮的意思、是特殊的用法

*吃炸醬麵時必須用的蔬菜特殊的名詞、北平土話。

*表示都摘下來在市上賣的意思。

*所要的東西、正是這兒沒有的。

てスープを作らなければならないわね。

乙　ここの海苔といったらとてもいいのよ。ほしえびは何処にでも有るわ。それと一緒に酵母でメリケン粉を発酵させておきましょう、晩に饅頭をふかして食べるのに都合がいいように。

甲　月曜のは定まったわ。火曜の午前は烙葱花児猪油餅にしようと思うわ。夜は水気のものにしましょう。白菜と肉の熱いスープにうどんをおとすのどう？

乙　火曜は完全に貴女の考えの通りにしますわ。水曜のお昼御飯は、私、「炸醬麵」を食べる事を提議するわ、貴女異議が有って？

甲　「炸醬麵」を食べるのはお安い御用だけれど、つけ合わせの具を用意するのが難しいわ。

乙　今は胡瓜・枝豆・皆出て来たから、問題でないわ。

甲　夜はもう麵類を食べるのはよしましょう、炒め料理を二つばかり作って御飯を食べましょうよ！

乙　味を変えるのもいいわ。いつも麵類を食べているのもあじきなくてたまらないから。お菜はね、「冬筍炒肉糸」を作り、もし小骨が多くても構わなければ鮒の白蒸にねぎと豆腐のあえものはいかが？

甲　鮒は川魚だからそれこそおあいにくさまです。

乙：我早看見隔壁李太太那兒，專有人送鯽魚螃蟹*什麽的，我告訴李太太一聲兒，叫他給送來就行了。

*河裡的螃蟹、個兒小味兒鮮。

甲：那麽禮拜四聽我的，中午就包餃子(六)，多包點兒，中午吃水餃兒，一頓吃不了，多*下來，咱們晚上炸着吃。或是留着生餃子作鍋貼兒更香*，禮拜五我在公司値晚班，晚飯你一個人吃，你愛吃什麽，隨便*！

*可以說「剩」下來。

*可以說更「好吃」。

*愛吃什麽就吃什麽的意思。

乙：中午打滷麵(七)最便當，晚上我一個人好辦，乾脆買現成的，什麽麵包加香腸啦，不是很好！至於禮拜六中午可以馬馬虎虎*，不吃葷的，煮個素片兒湯(八)就行。晚上大哥從學校回來，咱們預備飯，配幾個菜怎麽樣？

*馬讀一聲虎讀一聲、表示不認眞之意。

甲：你想得很週到，我看紅燒個牛肉，百貨店樓下有賣榨菜(九)的，爨個榨菜肉片兒湯，熘肝尖兒。再煎幾個鷄蛋，你看好不好？

乙　私はとっくに隣の李奥様のところにいつも鮒や蟹等をとどけて来る人があるのを見たわ、私が一言李奥様に言って、その人にとどけさせればいいのよ。

甲　それでは木曜は私の言うことをきいて頂戴。お昼は「餃子」を作り。少し余分に作つて、お昼は「水餃児」を食べ、一回に食べ切れなくて余ったら、私達は晩に揚げて食べる。或いはそのままの餃子を取っておいて、「鍋貼児」を作れば一層おいしい。金曜は私は会社で宿直に当っているから、晩御飯は貴女一人でお上りなさい、何を召し上っても御随意に！

乙　お昼は「打滷麵」が一番都合がいい。夜は私一人だからどうにでもなるわ。いっそ出来合いの物を買いましょう、何かソーセージをはさんだパンだとか、なかなかいいでしょう！　土曜日のお昼はねいい加減でいいのよ、腥さ物は食べないで、「素片児湯」を煮ればそれでいい。夜は兄さんが学校から帰って来るから、御飯を用意して、二つ、三お料理を見つくろってはどう？

甲　貴女のお考はなかなか行き届いているわ。私は、牛肉を醤油で煮詰め、デパートの地下に榨菜を売っているから榨菜をあしらった肉のスープとレバのくず炒めと思うの。その上に玉子を二、三個い

乙：行，行，都對我的胃口，禮拜日有的是工夫，中午蒸包子(十)，晩上說不定有客人來，預備個火鍋(十一)吧。

甲：火鍋也好，日本式的牛肉鍋兒也好，調換着吃吧！

ればいいでしょう？

乙　いいわいいわ、皆私の口に合うわ。日曜は暇がうんと有るから、お昼は「包子」を蒸し、夜はお客がいらっしゃるかも知れないから「火鍋」を用意しましょう。

甲　「火鍋」も結構、日本式の「スキ焼」も亦結構、趣きを変えながら食べましょうよ！

補注

一　蝦米皮兒：皮付きの小蝦を乾燥して平たくしたもの。

二　烙葱花兒猪油餅：よくこねたメリケン粉に豚油を塗り、きざんだねぎを巻き込んで薄く伸して鉄板でやいたもの、塩味。

三　肉絲：豚肉を細く線切りにしたもの

四　炸醬麵：油でいためたみそを、ゆで立てのうどんにかけて、適宜野菜をまぜて食べる。

五　冬筍炒肉絲：筍と豚肉の線切を油でいためたもの。

六　餃子：メリケン粉をこねて薄く伸ばし、これに肉或は蝦と、野菜を糧餅の様に包んでゆでたものを水餃子、蒸したものを蒸餃子、油を引いた鍋で焼いたものを鍋貼兒、揚げたものを炸餃子と云う。中には点心として、甘味噌・小豆餡等が入ったものもある。

七　打滷麵：肉野菜等の入ったくず引きのたれを、ゆで立てのうどんにかけたもの。

八　素片兒湯：メリケン粉を堅く練って薄切りにし、スープに入れて煮たもの。素は精進の意。

九　榨菜：四川省の名産。塩漬にし、唐辛子粉が混り特有の臭が有る。
一〇　包子：メリケン粉をこねて発酵させたものを伸ばして、中に豚・蝦の肉等を包んで蒸した小型の肉饅頭。
一一　火鍋：鍋の中央に煙突がつき出て其の下が焜炉になってゐる一種の中国鍋。真鍮製のものが多い。高さ四十五センチ直径三十センチ位。回教徒の料理屋では牛羊肉の水たき（涮牛肉・涮羊肉）に使う。

第七課　賞月吃月餅

甲：日子過的飛快，一眨麼眼兒的工夫，已經到了八月節*了。

乙：中國人常說「人逢喜事精神爽*，月到中秋分外光」，今兒晚上請您來我家賞月，好不好？

甲：您的房子正在半山上，賞月再好沒有，那麼我在七點左右到您那兒去，晚上見！

———・———

乙：您怎麼才來？

甲：我是一下班就去買東西，賞月不能不吃啊！

*名八月節、又名中秋節。
*俗語

第七課　月を賞でて月餅を食べる

甲　日の経つのは飛ぶ様に速くて、瞬く間に、もう「八月節」になりました。

乙　中国人はよく「人は喜びに逢うと元気になり、月は中秋になると特別輝く。」と言いますが、今夜どうぞ私の家にお月見にいらっしゃって下さい。

甲　貴方のお家は丁度山の中腹に在って、月見には絶好ですね。それでは私は七時頃貴方のところへ上ります、晩にお目にかかりましょう！

———・———

乙　貴方はどうして今頃やっといらしたのですか？

甲　私は勤めが終ってすぐ買物に行ったのです、お月見には食べないわけにはいきませんからね！

*南京名產、全國皆有。

*鷄的內臟像鷄胗和鷄肝心什麼的。

*讀四聲、喜好的事物。

*月下獨酌　李白
花間一壺酒、獨酌無相親、舉杯邀明月、對影成三人、月既不解飲、影徒隨我身、暫伴月將影、行樂須及春、我歌月徘徊、我舞影零亂、醒時同交歡、醉後各分散、永結無情遊、相期邈雲漢。

*中國有酸文人之說、咬文嚼字太酸了。

乙：我忘了跟您說：這兒月餅，酒，水果都有。

甲：此地沒有薰(一)鷄(二)*板鴨，我買的是烤(三)鰻魚和鷄*雜兒什麼的，正好就酒吃。

乙：好極，鰻魚滋味好，營養豐富，您愛吃嗎！我跟您是的，也有同好*。

甲：難得這一年一度的月夜，眞是月華如水！我不由得想起來李白的詩：窗前明月光，疑是地上霜，舉頭望明月，低頭思故鄉！

乙：這詩多少帶點傷感的味道，我愛念的是赤壁賦裡蘇東坡說的：「江上之淸風，山間之明月，取之不盡，用之不竭，而我與子之所共適」。您看他的胸襟，多麽朗潤，口氣多麽豪放啊！

甲：那還不如李白的：「舉杯邀明月，對影成三人」，更有味兒！不愧是一位詩仙！

乙：哈哈，咱們一再吟詠，未免太酸*了，快來

乙　私は貴方に言い忘れましたが此処には月餅・酒・果物など皆有るのですよ。

甲　こちらには「薰鷄」「板鴨」はありませんから、私が買ったのは「烤鰻魚」と「鷄雜兒」等です。丁度酒の肴に好いから。

乙　非常に結構です、鰻は味が好く、営養が豊富です。貴方はお好きですか！　私は貴方に似ていて、同じ好みもあるのですね。

甲　一年に一度しかない此の月夜、本当に月の光は水の様だ！　何となく李白の詩を思い出しました。「窗前明月光、疑是地上霜、挙頭望明月、低頭思故郷」！

乙　その詩は幾分感傷的な味わいを帯びていますね、私が好んで誦するのは、赤壁賦の中で蘇東坡の言った「江上之淸風、山間之明月、取之不盡、用之不竭、而我與子之所共適」だ。ねえ、彼の胸襟の何とおおらかで、口調の何と豪放であることよ！

甲　それはまだ李白の「擧杯邀明月、對影成三人」の一層味わいの有るのに及びませんよ！　本当に詩仙たるにはじませんね。

乙　はは、私達は何度も吟詠して、少し鼻について来

欣賞欣賞我給您預備的月餅吧！

甲：您這兒的月餅，怎麼大的，小的，高的，矮的，黄的，白的，這麼多樣兒呢！

乙：這種厚的是廣東月餅，薄的是咱們北方的翻毛月餅。

甲：*廣東月餅大概横濱有賣的，但是這種*翻毛月餅，可有多年沒吃了，這兒有錢也買不到哇！

乙：那是家母親手用最好的白麵和猪油作的。

甲：我先吃個翻毛月餅，餡兒是白糖核桃仁兒的，好講究！

乙：普通的廣東月餅太甜，我最*得意這種*椰蓉蛋黄的，並不甜得*過火，可有一種特別的味道，您也*捧捧場，吃一個。

甲：好，我的嘴沒閒着，容我慢慢嚼吧！

*廣東月餅、皮薄餡大很厚。

*北平名產、白色、扁形、餡少。

*在此爲動詞認爲滿意之意。

*椰子肉中間擱一個鷄蛋黄。

*過火是過甜之意。

*表示贊同附合之意。北平土話、可是今日很普遍

た。さあおもてなしの月餅を御賞味下さい！

甲　貴方のところの月餅は、どうして、大きいの、小さいの、厚いの、薄いの、黄色いの、白いの、こんなに様々なのですか？

乙　この厚いのは「廣東月餅」で、薄いのが我々北方の「翻毛月餅」です。

甲　「廣東月餅」は多分横浜に売っているところが有ります。だが此の「翻毛月餅」は長い間食べなかった。お金が有っても買えませんよ！

乙　それは母が手ずから一番好い饂飩粉とラードとで作ったのです。

甲　私はまず「翻毛月餅」を頂きましょう。餡はくるみと白砂糖で、大層手がかかっていますねえ！

乙　普通の「廣東月餅」は甘過ぎます、私は此の椰蓉蛋黄のが一番気に入っているのです。決して甘すぎず一種独特の味があります。貴方もいかがですか、一つお上り下さい。

甲　はあ、私の口は休みなしですよ。段々と頂かせて下さい！

補注

一　薫鶏：鶏を丸のまま味付け燻製にしたもの。
二　板鴨：家鴨を丸のまましおづけし扁平に圧して蒸焼にしたもの。琵琶鴨子ともいう。
三　烤鰻魚：日本の鰻の蒲焼。

第八課　年年如此

甲：*年怕中秋月怕半。一過了八月節，轉眼兒就要過年了。

乙：實話，一進臘月，街上年味兒一天比一天濃厚起來。尤其是這兩天因為快到*臘八，所以*南貨店裡擠滿了辦年貨的人。

甲：年年如此。到了這天，要是不熬粥，可不像話。第一先對不起小孩兒。他們盼了一年了，所以我老早就把紅棗・生栗子・白扁豆・紅江豆什麼的置辦好了。

乙：還缺幾樣吧？像蓮子・芡食米・菱角米・

*俗語：年怕中秋月怕半星期就怕禮拜三。

*十二月亦稱臘月十二月八日名臘八。

*南方海味和乾果、叫南貨。

第八課　毎年型の如く

甲　「一年は中秋を怕れ、月は半ばを怕る。」「八月節」を過ぎると瞬く間にもうお正月ですね。

乙　本当にね。十二月に入ると、街にはお正月気分が日一日と濃くなって来ます。取り分け、此の二・三日、もう直ぐ「臘八」になるものですから、食料品店の中は年越し用品を買い込む人が一杯こみ合っています。

甲　毎年こんな風ですね。其の日になって、もしお粥を煮なかったら、それこそお話になりませんわ。第一まず子供達に済みませんもの。彼等は一年間待っているのですから、私はずっと早くから赤棗・生栗・白隠元・小豆等をちゃんと買っておきました。

白菓也是主要的材料哇！

甲：那是自然，要不那兒能叫臘*八粥呢?! 起碼得有八種材料才够，要是叫他味兒厚，吃的時候，得加點零碎兒，像葡萄乾兒・山*楂糕・再剁點兒瓜子仁兒・桂圓肉・核桃仁兒擱上就更好了。

乙：所以我每年吃臘八粥的時候，兩碗就算到家，再多眞吃不下去。太膩呀！您呢？

甲：還不是跟着家裡大人小孩兒起起哄，湊湊熱鬧，誰能拿他當*飯吃呢？

*根據民間風俗，臘八必吃臘八粥，相傳某朝皇帝臘八那天，出征在外，絕糧，當地老百姓以雜糧熬粥食軍隊，從此皇帝爲紀念那件事，每年臘八命國民以雜糧煮粥。

*北方有一種菓子叫山裡紅，山楂糕就是用山裡紅的菓肉作的。

*當作的意思，讀四聲。

第九課　事事平安

甲：這兩天肉天天漲價，還是早買下好！

乙：正因爲人人存這種心理，把肉買漲了！

乙　まだ数種類足りないでしょう？ 蓮の実・鬼蓮・菱の実・ぎんなんの様な物もやはり主な材料ですわ！

甲　それは、勿論よ、そうでなかったらどうして「臘八粥」と言えましょう?! 最小限度八種類の材料が無くては足りませんわ。もし其れの味を濃くしたければ、食べる時に乾葡萄・山楂子の様な細々した物を加えなければなりません、其の上に瓜の種・竜眼肉・くるみをむいて入れれば、尚更結構ですわ。

乙　ですから私は毎年「臘八粥」を食べる時には、二杯が精一杯でそれ以上沢山は本当に食べられませんわ。余りこってりし過ぎて。貴女は？

甲　家中の大人や子供達と一緒に集まってさわいだり遊んだりするだけじゃありませんか、誰がそれを御飯として頂けますか。

第九課　総べてが無事に

甲　此の二・三日、肉が毎日高くなります、やはり早く買っておくのがいいですわ！

乙　確かにみながこういった気持を持っているから、肉の値段を吊り上げるのですわ！

*形容過年是件大事。

*應該之意在此是反話。

*北平土話受罪及受委屈之意。

*爲祭祖而作的菜、上供的菜、是專名詞。

甲：一年苦到頭，大*過年的，誰不得*吃點鷄鴨魚肉的？也難怪這些東西漲價！

乙：今天我從外頭囘來，看見現在作的(一)小蜜供，實在玲瓏可愛，所以帶囘來二十個，年下吃着玩兒吧。

甲：說眞的，趕緊叫兩袋子白麵，可得蒸饅頭了，再晚就來不及了。

乙：過年不要緊，錢花得流水是的！

甲：你可別小看過年，初一・初二，甚至連初三都許什麼吃的也沒有賣的！舖子，買賣都關門！不早準備，到時候受*癟！

乙：那麼祭祖的供*菜，也早點準備好，是不是！

甲：一點兒不錯，鷄啦，肉啦都可以紅燉，天冷擱得住，再說有冰箱更壞不了。

甲　一年中苦労し通して、大事なお正月を迎えるのだから、誰だって鶏や家鴨や魚の肉を食べたいじゃありませんか。これ等の品の値があがるのも無理はありませんわ！

乙　今日私は外から帰って来るのに、今作ったばかりの小さな「蜜供」を見掛けて、全くかわいくよく出来ているので、二十個持って帰って来ました。お正月に食べて遊びましょうよ。

甲　ほんとに、急いでメリケン粉を二袋たのんで饅頭をふかさなくては。この上遅くなると間に合いませんわ。

乙　お正月はいいけれど、お金が湯水の様に流れて行ってしまうわ！

甲　貴女は決してお正月を軽く考えてはなりませんよ、一日・二日、甚しい時は三日でさえも、食べる物なんか売っていないかも知れませんよ！　店も商売も皆休みます！　早く準備しないと、其の時になって、困りますよ！

乙　それでは御先祖を祭るお供え物も少し早く準備した方がいいでしょう！

甲　其の通り、鶏だの、肉だの、皆お醬油で煮付けてよろしい。時候が寒いし、それに冷蔵庫が有るから一層悪くなりっこありません。

*應合之意。

*借音、蘋果表示「平安」柿子表示「事事」一種迷信。

*一種用麥牙糖所作瓜形白糖

*東北地方人們常吃的一種糖材料和糖瓜相同。

*對灶王爺表示尊敬親密之意。故稱之爲「老人家」。對普通老年人亦可尊稱之爲「老人家」。

乙：那麼我再去買幾瓶酒和糖果來，應*應年景！

甲：還有蘋果是甜的，現在柿子也不澀了，都買點兒*，希望事事都平安如意吧！

乙：別看天冷，每個人過年的心是眞熱，看吧街上擺着臨時的攤子，陳列着一堆一堆白的糖瓜兒*和長條兒的關東糖*，摞的像塔是的！眞好玩！

甲：嘿，明兒不是廿三，糖瓜祭灶嗎？盼望灶王爺升天以後，給咱們家多說點好話，少說壞話，將來下界的時候，還求他老人家*多多照應着這一家平平安安的哪！

乙：故意用糖瓜來祭灶，原來爲的甜甜灶神的嘴呀，嚴格說起來，有點兒賄賂他的意思！

甲：其實上那麼一會兒供，撤下來以後，不是都吃到自己肚裡去！並不賠本兒！算了，

乙　それでは私は又お酒数本と砂糖漬の果物とを買って来て、正月気分を出しましょう。

甲　それからりんごは甘いし、今は柿も渋くなくなりました。皆少しずつお買いなさい、総べての事が無事に思い通りになるように！

乙　寒い寒いと思いなさんな、寒くたって、誰もみなお正月を迎えるのに一所懸命ですよ。ほら、街には臨時の露店が並んでいて、一山一山の白い「糖瓜児」と細長い「関東糖」をまるで塔の様に積み重ねてある！　本当に面白い。

甲　あら、明日は廿三日で「糖瓜祭灶」ではない？竃の神が天に昇られてから、私達の家の為に好い話は沢山して、悪い話はあまりなさらぬよう。そして此の次下界に降りて来られた時には、又此のお方に色々一家が無事平安であるようにお願いするのですよ。

乙　わざと「糖瓜」で竃を祭るのは、もともと竃の神様の口を甘くする為で、厳格に言うと、彼に賄賂を使う意味が有りますね！

甲　其の実その様にちょっとの間供えて、下げてから後、皆自分のお腹の中に食べてしまうのではな

少說笑話，後天二十四，是掃房的日子，倒得早早兒起來，淸除一下。

乙：對，笤帚，撢子的倒應該買幾把新的！

補注

㈠蜜供：メリケン粉で作った小さい棒状のものにみつをつけた菓子。

第十課　該吃團圓飯了

甲：今天除夕，大*三十兒的，諸神下界，大家說話可得留神，多念叨點兒吉利話兒！*圖個一年的順遂！

乙：又是迷信！不過過年總有一番新氣象，那麼*「以前種種譬如昨日死，以後種種譬如今日生」吧！

甲：敎你小心，還是亂說，得了，「童*言無忌」

*陰曆除夕多爲卅。舊年最後的一天。

*希望的意思。

*是一種安慰自己、鼓勵自己的話，表示從今日開始也還不晚之意。

*童言不關重要之意。

い！　決して損はしないわ！　さあさ、冗談は止めて、明後日は廿四日で、大掃除をする日ですからそれこそ早く起きて、すっかりきれいにしなくては。

乙　そうですわ、箒やはたきなんかこそ五・六本新しいのを買わなくてはね！

第十課　さあ、年越しの食事をしましょう

甲　今日は「大晦日」で、(陰曆)三十日です。神々が人間世界に降りていらっしゃるから、みんな話をするのにはよく気をつけて、おめでたい詞を余計に口の中で念じなさい！　一年間の順調なことを願って！

乙　又迷信ですよ！　が、お正月にはどうしても一つの新しい気分が有ります、それで「以前の事は昨日去り、以後の事は今日に始まる」でしょう！

甲　気をつけなさいといっているのに、やはりやたら

*除夕過年的晚上不睡覺叫做守歲。

*成語謂：一年之計在於春。

*光陰之意。

*倒在鍋裡再重新熱一熱。

*一口氣可以吃兩碗之意。

*用骨牌賭博。

吧！少說閒話，快動手包餃子，今兒晚上
誰也不准睡覺，得*守歲！

乙：一面看着這一年慢々的過去，一面我們對未來的一年倒應該好好兒地*計劃一下，別讓*牠再悄悄兒地從手指頭縫兒裡溜過去！

甲：別說敎啦！供菜撤下來，咱們該吃團圓飯了。

乙：人家都說供菜被祖先吃過了，沒味兒！

甲：那是凉了，*囘囘鍋熱一熱再吃好了，你看這條糖醋(一)鯉魚味兒作的多好！

乙：我倒愛吃這個黃燜(二)鷄，燜的眞爛！

甲：鴨子湯泡飯，我*一連就得吃上兩碗！

乙：聽這爆仗！要睡也甭想！

甲：待會兒咱們包完餃子，是*推牌九哇？還是

にしゃべる、構わない、「童言に忌なし」だから！無駄話は少しにし、さっさと手を動かして「餃子」を作りなさい、今夜は誰も寝ることを許しませんよ、一晩中寝ないで元旦を迎えなければなりませんよ。

乙　此の一年が段々と過ぎ去って行くのを見守りながら、未来の一年に対してこそよく計画をすべきで、又此の一年をうかうかと指のすき間からすべって行かせてはいけませんよ！

甲　お説教はしないこと！　御供えの御馳走を下げて来て、さあ年越しの御飯にするとしましょう！

乙　人々が皆言うわ、御供えの御馳走は御先祖様に食べられたから、味が無いって！

甲　それは冷くなったからですよ、鍋にかえして一寸煖めて食べるのがいい。ホラ、この「糖醋鯉魚」は大変おいしく出来ている。

乙　私は此の「黄燜鶏」の方が好きです、とろ火でとろとろになる程むし煮がしてある！

甲　「鴨子湯」を御飯にかければ、私は続けさまに二杯は食べられる！

乙　ほらあの爆竹の音！　眠りたくても眠れっこない！

甲　後で「餃子」を作り終えたら「推牌九」をしまし

*用骰子賭博。

*除夕晚上、長輩給小輩們的喜錢。

擲骰子*！

乙：打撲克牌吧！去年我不是贏了錢，初一請你們去看電影的！

甲：紅封套裡有的是剛得的壓歲錢*，咱們今兒晚上賭個盡興吧！

——•——

丙：新禧！新禧！過年好啊！

丁：同禧！同禧！發財！發財！　小弟弟，祝你今年樣樣功課一百分，考第一啊！

丙：快謝謝王老伯！給王老伯拜年！

丁：這一點兒小意思，給你買花炮放吧。

丙：您已經拜了幾家子啦？

丁：昨天元旦，公司裡團拜，省事多了，今天我還得去兩家呢！那麼我要告辭了！

ょうか？　それとも「骰子投げ」にしましょうか？

乙　トランプをしましょうよ！　去年私は勝って、元旦に貴女達に映画をおごったのではなくて！

甲　紅い封筒の中に今しがた貰った「お年玉」が沢山有るわ、私達今夜賭けて思う存分に遊びましょうよ！

——•——

甲　おめでとうございます！　よいお年をお迎えになりまて……！

乙　おめでとうございます！　御商売繁昌なさいますように！　坊っちゃん、今年はどの学科も百点で、試験が一番であるようにお祈りしましょう！

丙　早く王小父様に御礼を言って御年賀を申し上げなさい。

丁　これはほんの気持だけです、花火を買ってお遊びなさい。

丙　貴方はもう幾軒御年賀に廻られましたか？

丁　昨日元旦には、会社で互礼会をやりました、随分簡単でした。今日は私はまだ二軒行かなければならないのですよ！　では私はお暇致します！

丙：給您現作的年糕湯，請吃一點兒，再走。

丁：謝謝，我少吃半碗吧，胃裡已經裝的很滿。

丙：過年就是吃跟玩兒，總得過了*正月十五元宵節，吃過了元宵(三)，才能好好安下心去作事哪！

*把年糕切成小塊擱在菜湯中煮軟。

*讀一聲。

丙　今出来立てのお雑煮を、どうぞ召し上ってからお帰り下さい！

丁　有り難うございます、ほんの半分頂きましょう、お腹がもう一杯ですから。

丙　お正月は食べることと遊ぶことです。どうしても正月十五日元宵節を迎えて「元宵」を食べてしまわなければ、よく落着いて仕事は出来ませんよ！

補注

一　糖醋鯉魚：鯉のまる揚げに甘ずっぱいくずひきのたれをかけたもの。

二　黃燜鶏：鶏肉を三センチ位の角に切り醬油でむし煮したもの。

三　元宵：元宵節に食べる各種の餡入りの直径一・五センチ位の丸いダンゴ、湯でゆでてその湯ごと食膳に供する。

附錄

賀年片

恭祝
新年快樂
學業進步
○○○鞠躬

謹賀
新春快樂
諸事如意
○○○鞠躬

壓歲錢封套（紅色）

長命百歲

第三部　住

第一課　東看西看

甲：聽說您近來很忙？

乙：不是公忙，是爲了私事忙，幸*而就要忙出點眉目來了。

甲：我也聽說大嫂就要到了！

乙：就爲了他們有信兒來，所以我一天到晚忙着找房，他們來了以後，好*有住的地方。

甲：難怪近來老見不着您呢！

乙：您看我是一方面得辦公，一方面得匀出工夫來安置一個家，怎麽能不忙呢！

甲：够*得上是位標準丈夫！怎麽樣？房子找妥了吧？

乙：您別開玩笑！近來東看西看的，好容易才找到一所像樣兒的！離您府上不太遠。就在東横線上，靠澁谷這邊，環境很安靜。

*幸虧

*以便

*够資格之意。

第一課　あちこちさがして

甲　貴方は近頃大変お忙しいそうですが？

乙　公務ではなくて、私事の為に忙しいのですが、幸にして何とかもう直ぐ目鼻がつきそうです。

甲　それに又、奥様がもう直ぐおいでになるそうですね！

乙　彼等が手紙をよこしてきたばっかりに、私は朝から晩迄忙しく家をさがしているのです。来てから、住む所が有るようにね。

甲　近頃お目にかかれなかったのも無理ないですね。

乙　それがねえ、私は公務を執らなければならず、一方では時間を都合して家を一軒用意しなければならず、忙しくないわけには行きませんよ。

甲　模範的な御主人ですね！　如何です？　家はうまくさがせましたか？

乙　冗談を言ってはいけませんよ！　此の処あちこちを見て歩いてやっとの事で一軒恰好なのが見付かりました。貴方のお宅から余り遠くはありません。その東横線沿線の渋谷よりの方で、環境はなかなか静かです。

*隣居

*有法子辦

甲：那咱們以後成了街坊*了！您搬去住了嗎？

乙：還沒有，我還是住在靑年會，新找的房子稍微舊一點，這兩天正在粉刷。

甲：什麽時候搬過來，告訴我一聲，我給您溫居去。

乙：那可不敢當，等内人來了以後，請您來吃飯。

第二課　應有盡有

房縴：您對這處小房兒還滿意嗎？

房客：印象不壞，這所比較最整齊。

房縴：那麽您還有什麽考慮的地方嗎？

房客：房子好是好，就是前後都是花園草地，到了夏天，蚊子準少不了。

房縴：那也有法子*對付。只要所有的門哪，窗

甲　ではこれから近所同志になりますね！　貴方はお引越しになってお住まいになっているのですか？

乙　未だです、私はやはりＹＭＣＡに泊っています。今度の家は少しばかり古いので、此の二・三日丁度壁を塗っているところです。

甲　いつ越していらつしやるか、私に一声かけて下さい、転居のお祝に上りますから！

乙　いやそれは恐縮です。家内が来てから、あなたを食事におまねきします。

第二課　みんな具わつている

仲介人　此の小さい家屋でなんとか御満足頂けますか？

借家人　印象は悪くない、此の家は比較的最も整っている。

仲介人　では貴方はまだ何かお考えになる処がありますか？

借家人　家は好いことはいいが、只前も後も皆花壇や草原で、夏になったら、きっと蚊が多いだろう。

仲介人　それは対処する方法が有りますよ。戸口だの

戶啊都裝上鐵紗，蚊子自然飛不進去，您瞧這幾間北房，到了夏天掛上竹簾子，不定多風涼哪！

房客：客廳的壁爐，恐怕用不得了。

房縴：多少花點錢修理修理，就能用。

房客：樓上有洗澡房，樓下是不是也應該裝個抽水馬桶和洗手盆兒才方便。

房縴：要是您打算添點什麼設備，總得先徵求房東的同意吧。不過您自費裝修，房東十*九歡迎。

房客：這個自來水管子怎麼擰不出水來！

房縴：這倒不是大毛病，多半兒是水龍頭壞了。自來水公司的人管*拾掇。

房客：厨房裡只有兩個煤氣頭，我們家十幾口子怕不夠用。

房縴：有法子補救，好在厨房裡的地方大。您

*十分之九歡迎之意。

*給修理、不收費。

窓だのにすっかり目の細かい金網を張れば、蚊は自然に飛び込んで来ませんよ。貴方御覧なさいまし、この南向きの棟は、夏になって竹簾を掛けたら、さぞかしどんなにか涼しいでしょうね！

借家人　客間のマントルピースは恐らく使えなくなっているでしょう。

仲介人　多少お金をかけて直せば、使えますよ。

借家人　二階には浴室が有るから、下にも当然水洗便所と手洗い器を備え付けた方が便利なのではないかね。

仲介人　もし貴方が何かの設備を附けたしたいおつもりならば、どうしても先に家主の同意を求めなければなりませんでしょうが、貴方が自費で造作なさるのなら、家主は十中の九歓迎しますよ。

借家人　此の水道管はどうしてひねっても水が出て来ないのだろう！

仲介人　これは別に大した故障ではありません。大方蛇口が壊れたのですよ。水道会社が修理しますよ。

借家人　台所に瓦斯口がたった二つ有るだけで、私達十数人の家族では、恐らく間に合わないだろう。

仲介人　何とかなりますよ。よいことに台所の中の場

可以到百貨公司去買現成的煤氣爐子，而且還有帶烤箱的，擱在厨房裡，又好看，又方便，又可以作西餐。

房客：這房子好*的是附帶着傢具，打掃打掃，就可以搬進來住了。

房縴：什麼沙發・飯桌・書桌・床・櫃，眞是應有盡有。家庭日用的東西，要什麼有什麼，您看連電燈泡都是裝的好好的。本來原住的那家走的急，什麼也沒帶走，所以您隨時搬進來住，省事極了。

房客：除了房租不變以外，押金能不能商量商量減兩成？

房縴：據我看，兩成怕是難一點。一成大概不成問題。

房客：既是這樣，這事委託您全權辦理，明天就訂租約，怎麼樣？

房縴：好，我馬上找房東談妥，照您的意思，

*這房子的特點。

所が広いから、デパートへ行って、出来合いのガスレンジ、しかもオーブンのついているのを買って、台所に置かれれば、きれいで、便利で、又西洋料理を作る事も出来ます。

借家人　この家のいいところは家具付きであるので、一寸掃除をすれば、越して来てすぐ住めるということだ。

仲介人　ソーファとか、テーブル・デスク・ベッド・洋服ダンスなど、本当にあるべき物はことごとく具わつている。家庭日用の物で、要る物は何でも有る、ほら、電球さえすつかりちゃーんと附いていますよ。実は、もと住んでいた一家が急に出て、何も持っこ行かなかったものですから、いつでも越して来てお住みになれて非常に簡単です。

借家人　家賃はその儘でいいが、敷金は相談で二割位引けるかどうかかね？

仲介人　私は、二割は一寸難しいと思いますが一割なら多分問題ないでしょう。

借家人　ここ迄来たからには、この事は貴方にすっかりお任せして、明日すぐ賃貸借契約書を取り定めては、どうですか？

仲介人　結構です、私は直ぐ家主を訪ねて話をつけま

擬好租約，明天您來簽字蓋章就是了。

房客：費心費心！

第三課　從從容容的找

甲：趙先生，您怎麽回事？幹嗎直嘆氣[*]？

乙：李兄，你大概還不知道，近來我爲搬家的事很傷腦筋。

甲：我去過您的家，不是很漂亮乾淨的小洋房嗎？何必再搬呢？

乙：說良心話，我們住的房子實在不錯，算算我們住在那兒有小兩年了。小孩子也都在附近小學上了學。那一帶的舖子也都混熟了，誰愛搬家呀！不過前幾天，房東老太太找了我去開談判。

甲：就是爲了房子的事嗎？

*不斷地嘆氣

しょう、貴方のお考え通り、賃貸借契約書をちゃんと作っておきますから明日いらして御署名捺印下さればそれで結構です。

借家人　どうかよろしく。

第三課　落ち着いて探しましょう

甲　趙さん、貴方どうしたことですか、何故溜息ばかりついているのですか？

乙　李君、君は大方まだ知らないだろうが、近頃僕は引越しの事で、大変頭を痛めているのだよ。

甲　私は貴方のお家に行った事がありますが、なかなかきれいで清潔なこじんまりした洋館ではありませんか？　何も又引っ越すには及ばないでしょう？

乙　実のところ、私達の住んでいるのは全く好い家です。数えてみると、私達が彼処に住んでちょっと二年になります。子供達も皆附近の小学校に上りましたし、あの辺の店も皆馴染みが出来たのに、誰が引っ越したいものですか！　所が数日前に大家さんの奥さんが私を訪ねて来て談判を始めました。

甲　それが家の事でですか？

乙：您猜着了：她告訴我說大兒子夫婦帶着孫子和孫女，日內就要回國，已經騰出一間暫時住，不過我們現在住的樓上三間，就要收回，不再租出去了。

甲：房東請房客搬家，也是常事。不過您現在的房子到期了嗎？

乙：快了，就要滿期了。

甲：那麽沒什麽可說的了！可是請您搬家，總得給個期限，是不是？

乙：期限倒是有，根據合同的規定，房東房客不管是那方面退約，總得在兩月以前通知對方。所以他們表示，希望我們在下月底以前搬出去。

甲：有倆月的工夫，可以*從從容容的找，您不必發愁，我們那兒左近蓋了不少的新房，我給您留神，看有合適的馬上告訴您。

*慢々地、不慌不忙地。

乙　君図星ですよ！　彼女が私に言うのには、長男夫婦が、孫の男の子や女の子を連れて、近日中に帰国するので暫く住まわせるために已に一間空けてあるのですが、私達が現在住んでいる二階の三間をすぐ回収してもう貸さない事にしたいと言うのです。

甲　家主が借家人に引っ越しを願うのもよくある事ですよ。ですが貴方の現在の家は期限が来ているのですか？

乙　もう直ぐです、もう直ぐ満期になります。

甲　それでは何も言う事はありませんよ。しかし貴方に引っ越しを願うからには、どうしても期限を与えなければなりません、そうでしょう？

乙　期限は有ります。契約書の規定に拠ると、家主・借家人のどちらの側からでも解約する時は二ヶ月以前に相手方に通知することになっています。ですから先方は、私達が来月の月末迄に越して行ってほしいと言っています。

甲　二ヶ月の間があれば、ゆっくりと探せますから、くよくよなさるには及びませんよ、私達の近所には沢山新しい家が建ちました。気をつけていて上げて、適当なのが有ったら直ぐお知らせしましょう。

乙：那可實在感謝不盡！

甲：您不必客氣，大家都在國外，應該彼此互助，再說我過去在此地念書，認識的日本先生和同學不少，我各方面都給您託託好了。

乙：遇見您這麼熱心的人，我就不愁了。

乙　それは全く有り難いことです。

甲　貴方遠慮なさるには及びませんよ。我々皆国外にいるのだからお互いに助け合うべきですし、それに、私は昔此の土地で勉強したので、懇意な日本人の方々や同窓が少くありません。私は各方面に皆夫夫頼んで差し上げましょう。

乙　貴方の様な御親切な方にお逢いして私は一安心しました。

附録

賀友人搬家，彼此寒暄

甲：您這次喬遷之喜（搬家）很辛苦啦！

乙：謝々。累是累點兒，不過對於新房子我倒很滿意的。

甲：是嗎！我們那天要給您温居去呢！

乙：那可不敢當，等我収拾得像點兒様以後，請您到舍下便飯吧！

甲：讓您費事，怎麼好意思呢？

乙：総得熱鬧一下，住着才吉利呢！

第四課　式様怪別緻

客人：我打算買套臥房裡用的傢具。

夥計：我領您到裡邊兒去看，這些都是最新式的様子。

客人：這張雙人床的木料不壞，油漆漆的很細。

夥計：您看這床上的彈簧褥子還是舶來品呢！

客人：嚇！兩萬兩千，價錢可眞吓人！

夥計：「一分錢，一分貨」。您別看*價錢貴，東西不同平常。

客人：我倒喜歡這個帶三面鏡子的梳裝臺，設計的式樣怪別緻。

夥計：放衣裳的五斗櫥，帶穿衣鏡的立櫃又可以掛西裝，都是一式一様成套的，缺一不可，像這種玻璃面的小圓桌加上兩把挺秀

＊「認爲」之意

第四課　デザインがとても変つた趣きだ

客　寝室で使う家具を一揃い買いたいのだが。

店員　奥へ御案内してお見せしましょう、此等は皆最新式の型でございます。

客　此のダブルベッドの木材は悪くない、ニスもなかなか丁寧に塗ってある。

店員　御覧下さい、ベッドのスプリングマットはやはり舶来品ですよ。

客　ほー！　二万二千円、値段は全くびっくりさせるね！

店員　「一銭のお金は一銭の品」値段が高いとお思いになりますな、品は普通出来とは一寸違いますよ。

客　私はこの三面鏡の附いた鏡台が気に入った、デザインがとても変った趣きだね。

店員　こちらが着物を入れる箪笥、こちらが鏡付きの洋服箪笥で洋服をお掛けになるようになって居ります。両方が組になって居りまして、どちらが無くてもいけないものです。此の様なガラス張りの

氣的小椅子，擱在臥房裡也很合適。
客人：你所說的一共是幾件？共總多少錢？
夥計：大小七件，一共五萬五。
客人：有分期付款的辦法嗎？
夥計：那是月付。不過您要一次付清，我們還可以減兩千。隨您意。那樣都行。
客人：五萬五，數目*不大不小，一次全部付清，可有點*來不及。
夥計：那麼您就先給一部份，其餘的按月到您宅裡收去。不必您操心。
客人：這麼辦好，我就挑這套榆木的。什麼時候送去，*送力在內在外？
夥計：明天上午一準送去，傢具從敝裡往外送的時候，由廠裡派卡車給運去，所以無論道兒遠道兒近，送力一概奉送啦！

*很巧的一個數目，意思有點兒嫌貴。
*不好辦
*運費

　小さい丸テーブルにすっきりした小さい椅子を二脚添えて寝室におくのもなかなかしつくりします。
客　それで皆で幾つかね？　総計幾らになる？
店員　大小七点で、総計五万五千円になります。
客　分割払いに出来るかね？
店員　月賦でございますね。もし一度にすっかりお払い下さるのでしたら、手前共も二千円お引きする事が出来ます。貴方様の御都合で、どちらでも結構でございます。
客　五万五千円、金高はそんなもんだろうが、一度にすっかり払ってしまうには、ちょっと具合が悪い。
店員　それでは先に一部分頂戴して、あとは毎月お宅迄頂きに上りますから、それで結構です。
客　それはいい。それではこの楡材のを一揃いにします。いつ届けてくれますか、運賃は込みですか、別ですか？
店員　明日の午前に必ずお届けします。家具を店から他処に届けます時には、トラックを出して運びます、ですから遠近に拘わらず、運賃は一切サービス致します。

客人：那倒也乾脆，我們新房就在五反田車站附近。

夥計：請您把地址寫在這裡，先付多少？先生？

客人：先付兩萬，我給你開一張東京銀行的支票。

夥計：很好，這是收據，下剩三萬五千，分五個月付完，每月一號到府上收七千。

客人：就是，就是，傢具明天裝車的時候給多加點兒小心！

夥計：沒錯兒！

附錄

收條

收條
茲收到兩萬元整無誤此呈
○○○先生
○○號
○月○日

客　それはまた気前がいい。私の新しい家は五反田駅のすぐ傍です。

店員　どうぞ御住所を此処にお書き下さい、先にいか程お払い頂けますか？　お客さん！

客　取り敢えず二万円にし、東京銀行の小切手を一枚切って上げよう。

店員　有り難うございます、これは受取証でございます。あとの三万五千円は五ヶ月に分けて全額お払い頂くこととし毎月一日にお宅に上って七千円頂戴致します。

客　そうだね。家具は明日車に積み込む時十分に注意してくれ給え！

店員　大丈夫でございます！

第五課　屋漏怕遭連夜雨

甲：昨兒夜裡那場雨可眞下的不小啊！

乙：奇怪，我倒一點兒也沒聽見！

甲：那是你睡的太香了！那麼大的雨，*嘩啦嘩啦的會沒聽見！

丙：這場雨下的好，下的*是時候，今兒早晨是雨過天青，暑氣全消。

甲：前兩天已經電力不够，要沒這場雨，*更該停電了。

丁：不過我家裡昨兒這一夜實在鬧的亂七八糟！

乙：怎麼囘事？

丁：全家人動手，把所有的大臉盆・小臉盆，甚至於連飯鍋都搬出來接雨，要不屋裡就變成河了。

甲：原來房漏了，爲什麼不早修呢？

*下雨的聲音。

*不早不晚正是人們需要雨的時候。

*更要

第五課　泣き面に蜂

甲　昨夜の夜中のあの雨は全くひどい降りだったなあ！

乙　不思議だ、僕はねちっとも耳に入らなかった！

甲　それは君が余程よく寝入っていたのだよ！　あんなにひどい雨、ザーザーいうのが耳に入らなかったとは！

丙　いい雨だった、丁度よい時期で、今朝はきれいに晴れて、暑さがすっかり去った。

甲　二・三日前からすでに電力が足りなくって、もし此の雨がなかったら、ますます停電するところだった。

丁　ところが僕の家では昨夜一晩中さんざん大騒ぎしたよ。

乙　一体どうしたんだ！

丁　家中の人が手伝って、有りつたけの大きい洗面器・小さい洗面器、果ては飯鍋さえ持ち出して雨受けをした。もしそうでなかったら部屋の中は河になってしまうんだったよ。

甲　おやおや家が漏ったのか。何故早く修理しておか

丁：我老要修，一來是房東不讓動，說是要收回去，大拆大改，二來這房子蓋了有五十年以上，太老了，所以這兒修那兒壞，那兒修這兒壞，已經是不治之症了。平時還好，昨兒就禁*不住了，這就叫做「屋漏怕遭連夜雨」呀！

*支持不住了。是普通的意思。在此地是蓋不住了、雨水不斷地流進來。

第六課　儘管吩咐我

客：有敞亮的房間嗎？

侍應生甲：有，請您到樓上看吧。

客人：我喜歡大點的屋子，住着痛快。

侍應生甲：這間在犄角上，兩面帶窗戶，方向朝南，我想您一定中*意。

客人：這間屋子房頂很高，光線充足，就是這間好了，不知道房錢怎麼算法。

*滿意

なかったんだい？

丁　僕はいつも修理したいのだが、一つには家主がいじらせないのだ、回収してすっかり解体して大改造をしたいのだそうだ、二つにはこの家が建ってから五十年以上で余り古くなり過ぎたので、直す後から又何処か壊れる、もう寿命が来てしまったのだ。ふだんはまだ好い、昨夜こそは漏り放題だった。「泣き面に蜂」とはこのことだよ！

第六課　どしどしお言い附け下さい

客　広々とした明かるい部屋があるかね？

ボーイ甲　ございます。どうぞお二階へいらして御覧下さい。

客　私は少し大きい部屋がいい、泊っていてずっと気持がいい。

ボーイ甲　この部屋は角に在って、両面に窓があり、向きは南に向いて居りまして、きっとお気に入ると思います。

客　この部屋は天井がなかなか高くて、光線が十分だ。この部屋はいい。間代はどういうふうになっているのかね。

侍應生甲：論天算，一天一千。您住到一星期以上，給您另外打八折。

客人：吃飯當然是不在內的了？按頓算還是按天算？

侍應生甲：客人吃飯多半按頓算，不過早・午・晚飯價錢不同的。

客人：好了，我決定要*這間屋子。

侍應生甲：請把您的姓名・年歲・職業塡寫在這個簿子上。這是您屋子的鑰匙，請您帶在身上，您出門的時候，請把門鎖上好了。

客人：好，好。剛下火車，待會兒我想洗個澡。

侍應生乙：先生，我姓王，專替您收拾屋子的，有什麼事您儘管按電鈴叫我，吩咐我作就是了。

客人：那麼請你把我這兩個皮包放在我屋裡，

*也可說『留』。

ボーイ甲　日割りで、一日一千円頂きます。お泊りが一週間以上になりましたら、特別に二割お安くさせて頂きます。

客　食事は勿論その中に含まれていないのだろう？回数に拠って計算するのか、それとも日数によってかね？

ボーイ甲　お客様が食事をなさるのは、大抵回数に拠って計算しますが、朝・昼・晩と、お値段は違います。

客　よろしい、この部屋に決めた。

ボーイ甲　どうかお名前・お年・御職業をこの帳簿にお書き入れ下さい。これがお客様のお部屋の鍵でございます、どうかお手もとにお持ちになって、お出掛けの節には、ドアの鍵をおかけになるのがよろしうございます。

客　そうだね。今しがた汽車から降りたばかりだから、暫くしたら風呂に入りたい。

ボーイ乙　お客様私は王と申しまして、このお部屋の受持ちになって居ります。何か御用がございましたら御遠慮なくベルを押して私を呼んでお言い付け下さいませ。

客　それではこのトランクを二個私の部屋に置いて、ついでにお茶をいれてテーブルの上に置いておい

順便給我沏壺茶擱在桌上。

侍應生乙：您預備洗澡嗎？澡房就在您隔壁那間屋子，毛巾・胰子那兒都有。還有晚飯是給您送到屋裡，還是您到飯廳去吃？

客人：洗過澡以後，我要出去看朋友，不敢說什麼時候回來。請不必給我預備晚飯了。

第七課　人人能享用

甲：啊！那陣*好風把您給吹來了！外頭冷吧，快來烤烤火吧！

乙：是，是，近來很冷，尤其是早上和晚上，所以除了上課以外，不大出門。您屋裡很暖和，眞是一室如春，這個煤氣爐子用起來很方便吧！

甲：煤氣爐子什麼都好，就是煤氣價錢貴點兒，

*小風的陪伴詞。如；一陣小風

てくれ給え。

ボーイ乙　お風呂をお召しでございますか？　浴室はお客様のお隣のその部屋でございます、タオルや石鹼は皆そちらにございます。尚、お夕食はお部屋にお運び致しましょうか、それとも食堂へいらして召し上りますか？

客　風呂に入ってから、私は友達を訪ねなければならないので、いつ帰ってくるか分らないから、夕食の用意はしないでおいてくれ給え。

第七課　誰でもが恩恵に浴せるように

甲　これはこれはまあ！　何という好い風が貴方を吹きよせて来たのでしょう！　外は寒かったでしょう、早く来ておあたりなさいよ！

乙　はいはい、近頃なかなか寒いわ、取り分け朝晩はね。だから授業に出る以外は、余り外出しないのよ。貴女のお部屋は大変暖くて、本当に部屋じゅう春の様ですね、此のガスストーブは使い始めるとなかなか便利でしょう！

甲　ガスストーブはどの点でも皆いいですのよ、只ガ

您家裡不用這種爐子取暖嗎？

乙：我家是用的地爐，因爲我們住的是日本式的屋子。地上舖着蓆子的，把蓆子中間挖個四方窟窿，裡頭有火。

甲：那麽是燒木炭吧？

乙：往年都是燒木炭或是煉炭，今年改良，換了電氣的地爐啦。

甲：那可就乾淨多了。

乙：不但乾淨而且省事，用不着一會兒一會兒添*炭。可以節省很多精力去作別的事。

甲：如果開的時間太長，不會把保險絲燒壞，或是有其他別的危險嗎？

乙：爐子上附帶有個自動調節的裝置，等燒到一定的熱度，牠就自動關上了。

甲：平時要大*要小，都好弄嗎？

乙：要是天氣不太冷，就開一部份。要是愛暖

*『加炭』也行。

*敎他大、或敎他小之意。

ス代が少し高いけれど。お宅ではこの様なストーブで暖房をなさいませんか？

乙　私の家は切り炬燵を使っています。私共が居るのは日本式の部屋ですから、床に畳が敷いてあり、畳の真中に四角い穴が切ってあって、その中に火が入っているのです。

甲　それでは木炭を使うのでしょう？

乙　以前には皆木炭か或は煉炭を使いましたが、今年は改良して、電気炬燵に換えましたのよ。

甲　それでは大変きれいになりましたのね。

乙　きれいなばかりでなく其の上、手が省けますわ。度々炭をつがなくていいのよ。エネルギーを大いに節約して、それだけ他の事が出来ますよ。

甲　もしも点けている時間が長すぎると、ヒューズがとんだり、或は其の他の危険なことがおこりませんか？

乙　電熱器に自動調節装置が附いていて、一定の熱さになると、自動的にきれるのです。

甲　ふだん大きくも小さくも、自由に出来ますか？

乙　若し余り寒くなければ一部分点け、暖かいのがよければ全部点けると、自然電力が十分になります

*裝置着

和，全部打開，自然電力就足了。

甲：這倒方便。聽説不是還有電被電褥和電墊子嗎？

乙：可不！現在是普遍推行家庭電氣化的季節。想想這些物質方面的享受實在不是幾十年前所能比的了的呀！

甲：希望將來電氣化的設備，逐漸減低價格，使他大衆化，變成人人都能享用的東西才好呢！

乙：這個原則的確是對的，您在中國的時候，家庭裡作飯取暖都使用什麽器具呢？

甲：平時作飯用磚砌的大灶，燒的是煤球。火力很旺，炒菜最相宜，而且一年到頭熾一回就行。只要晚上用煤末子封上，早上挑開就會慢慢着上來。屋子裡用洋爐子，燒的是塊煤。爐子上安着*很長的烟筒，穿過

の。

甲　それは便利ですね。其の他電気掛蒲団や敷蒲団、座蒲団が有るそうではありませんか？

乙　そうなのですよ！　今はひろく家庭電化を推進している時です。考えてみると、此等物質方面の恩恵は、全く数十年前と比べられるものではありませんわ！

甲　将来電化の設備が、段々と格安になり、それが大衆化し、誰もが皆恩恵に浴せるものになったらよいと思いますね。

乙　その根本方針は確かに正しいですわ。貴女が中国にいらっしゃった時、家庭では御飯を炊いたり、暖房したりするのに皆どんな器具を使っていらっしゃいまして？

甲　ふだんは御飯を炊くには煉瓦で築いた大きな竈を使い燃やすのは煤球です。火力はなかなか強くて炒め料理には一番具合よく、その上一年中一度火を焚きつければそれでいいのです。只、夜石炭の粉でいけておきさえすれば、朝搔き立てれば段々と熾って来るのです。部屋の中はストーブを使い、燃やすのは塊炭です。ストーブには煙突を取り付

屋中，滿屋子都有熱氣，暖和極了。

乙：聽說中國有熱炕一說，是怎麼個意思？

甲：那種熱炕在東北地方最普遍，因爲那兒奇寒，不但得燒熱炕，而且有牆爐，那兒的房子一蓋的時候，就用磚砌好了炕，炕裡有炕洞，洞裡燒着劈柴、鄉下地方有的燒牛糞稻草什麽的。牆裡有烟筒，竪立在房頂上。熱炕燒暖，一家子都坐在炕上吃飯，聊天兒，作活兒或是抽煙兒什麽的很有個趣兒。

乙：那就正像我們現在，每天晚上從公司或學校回來，脫下西裝，換上和服，一家子圍着地爐，談着話，喝着茶。脚底下烤的熱烘烘的眞是一室融融，興味無窮。

甲：您所說的家庭之樂，也讓我回憶起來小時候和父母親兄弟姊妹在冬天的晚上圍着爐

け、部屋の中を通していますから、部屋じゅう温かさがこもって、とても暖かです。

乙　きく処によると中国にはオンドルが有るという事ですが、どういう訳ですの？

甲　オンドルは東北の地方では最も普遍的なものです。あちらは、ものすごく寒いので、オンドルを焚かなければならないばかりでなく、其の上ペチカが有ります。あちらの家は、建てる時に煉瓦でオンドルをちゃんと築き上げてしまいます。オンドルの中には焚口が有って其の中で薪を燃やします。田舎では牛糞や、藁等を燃やす所も有ります。壁の中には煙突が通っていてまっすぐに屋根の上に立っています。オンドルを焚いて暖かくし一家族皆その上に坐って御飯を食べ、世間話や、手仕事をし、或は煙草をくゆらせる等、大変おもしろいです。

乙　それは丁度、私達が現在、毎夕、会社や学校から帰つて来て、洋服を脱ぎ、和服に着換え、一家切り炬燵を囲み、話をしながら、お茶を飲み、足許は火にあたってぽかぽかと暖かくて、本当に部屋じゅう打ち解けて興が尽きないのと同じ様です。

甲　貴女のおっしゃる家庭の楽しみは、私にも、小さい時、父母兄弟姉妹と冬の夜に炉を囲み、「半空

子剝半空兒，爐子上烤着凍海棠和山裡紅的往事！

乙：您說的半空兒我知道是落花生，可是您囘味山裡紅和海棠就正像我們日本人，到了國外懷念故國的醬湯和醃的黃羅蔔啦！

甲：您的話對極了，這兒不長那兩種果子，正像外國沒有醬湯和黃羅蔔是的，不過我們現在圍着火盆吃湯豆腐也別有異國情調哇！

第八課　詩情畫意

甲：我沒去過北京，對於北平人住房的情形，很想知道一個大概的樣子，今天遇見您這位地道的「北京人」*，可以告訴我一點嗎？

乙：沒什麼不可以，不過請您耐着性兒聽下去。

*北京附近周口店發現原人頭骨考古學者叫牠爲『北京人』在這兒借用說笑話之意。

兒」を剝さ、ストーヴの上に凍った「海棠」や「山査子」を炙っていた、昔の事を思い出させますわ！

乙　貴女のおっしゃる「半空児」は、落花生でしよ。でも、貴女が「山査子」や「海棠」の味をお思い出しになるのは、そのまま丁度私達日本人が国外に行って、故国の味噌汁と沢庵とを懐しむのと同じ様ですわ！

甲　貴女のお話は全く其の通りよ。この地にその二種類の果物の出来ない事は、丁度外国に味噌汁や沢庵が無いのと同じです。が、私達が現在火鉢を囲んで「湯豆腐」を食べているのも、又別に異国情調が有りますね！

第八課　詩情畫意

甲　私は北京に行った事が有りませんので、北京人の住居の状況について、大体の様子がとても知り度かったのですが、今日は生粋の「北京人」の貴方にお会いしましたので、少しお話し頂けますか？

乙　別に差し支えはございませんが、どうか辛抱してずっとお聞き下さい。

甲：好極了，您請先說說那房屋的格式吧！

乙：眞正的老式的房子有四合房三合房的區別，四合房是一個正方形的院子，周圍有房，北房是正房．東西兩邊兒是廂房。

甲：啊！我聯想起來一首詩，背給您聽聽，待月西廂下，迎風戶半開。隔牆花影動，疑是玉人來，我沒念錯嗎？

乙：您背的是西廂記裡的鶯鶯寫給張生的情詩，一點兒沒念錯，不過普通西廂房並不是都那麼詩情畫意的！

甲：請您接着說，我不再插嘴了。

乙：四合房是有南房的*，三合是沒有的。北房多半是三大間或五大間，寛敞朝陽．所以是冬暖夏涼。作臥室最合理想。

甲：廂房作什麼用呢？

*南房是座落在院子之南方、房門及窗戶皆朝北、北京老式房子多半是一面窗戶也。

甲　大変結構です。どうか先に一寸あの家屋の、定まった様式を話して下さい！

乙　本当の、旧式の家屋は「四合房」「三合房」という区別があります。「四合房」は一つの正方形の庭に、周りに建物が有り、北の棟は「正房」、東・西両側は「廂房」です。

甲　あ！　私は詩を一首聯想したが、諳誦してお聞かせしましょう。「待月西廂下、迎風戸半開、隔牆花影動、疑是玉人来、」間違って吟じませんでしたか？

乙　貴方が吟じたのは「西廂記」の中の「鶯々」が「張生」に書いて贈った恋歌で、少しも間違っていらっしゃいませんでしたが、普通「西廂房」は別にそんなに詩的な情緒に富むものではありません。

甲　どうぞ続けてお話し下さい私はもう口を出しませんから。

乙　「四合房」は南の棟が有るもの、「三合房」は無いのです。北の棟は大方大きい部屋が三間か或は五間になっていて広びろとして日当りがよく、それで冬は暖かく夏は涼しく、寝室にするのに最も理想的です。

甲　「廂房」は何に使いますか？

乙：廂房多半作書房和飯廳。南房一年到頭見不着太陽，不*適合人住，多半用牠作客廳。

甲：一所房兒只有一個院子嗎？都是平房嗎？

乙：大房子有好幾進院子，一進是一個四合，有走廊從前院通到後院，就是下雨的時候，也不會淋濕衣服。北京地方雖不大可是人口不多，有樓的房屋很少，差不多都是平房。

甲：設計走廊的人，很有科學頭腦呢。

乙：除了整齊有房子的院落以外，還有後院兒跨院兒。女用人住的下房都在後院兒厨房的旁邊兒，男用人住在一進大門旁邊的門房裡。電話多半裝在那兒，不過有的上房有分機男用人是一面看門一面管接電話好像機關裡的傳達處是的。

甲：屋子裡都是地板嗎？

*北平有句俗語：有錢不住東南房冬不暖夏不涼。

乙　「廂房」は殆ど書斎と食堂とにします。南の棟は一年中陽が当らず、人が住むのに不適当で、大方客間に使います。

甲　一軒の建物には庭が一つあるだけですか？　皆平屋ですか？

乙　大きい建物には幾重にも奥まった庭があります。一区切りが一つの四棟に囲まれた所になっていて、前の庭から後の庭に通じる渡り廊下があります。たとい雨の降る時でも、着物を濡らしません。北京は土地は広くありませんが、しかし人口も多くなくて、二階以上の建物は大変少く、殆どが皆平屋です。

甲　渡り廊下を設計した人は、科学的な頭がなかなか有りますね。

乙　きちんと建物の有る庭の外に、まだ家の後の庭と左右両側の庭とが有ります。女の使用人の住む女中部屋は皆後の庭の台所の傍にあります。男の使用人は表門を入ったすぐ脇の門番部屋に住んでいます。電話は大方其処に引いてありますが、家によっては、母屋に内線があって、男の使用人は門番をしながら電話の取次ぎもし、まるで役所の受付の様です。

甲　部屋の床は皆板張りですか？

乙：不一定，講究的房子都是地板，差一點的將就着用方磚墁地，這叫「講究不如將就」省錢。最次的是碎磚地或是土地。

甲：家家都有炕嗎？

乙：老式的北平人才睡炕，新式的房子早把炕拆了，大家都睡床了。

甲：院子裡怎麼佈置的呢？

乙：院子裡擺着金魚缸・荷花缸・四季的盆景，夾竹桃・石榴樹也是不可少的點綴。夏天還*可着院子的大小搭個蓆篷，太陽晒不進來這叫天篷，晚上，一家子坐在院子裡乘凉，聞着荷花的清香，數着天空上的星星，談天說地，實在有個意思。

甲：我常想北京住家是很安靜幽雅的。今天一聽您說，果然跟書上寫的差不多。

*照着院子的大小。

乙　そうとは限りません、凝った家屋は皆床が板張りですが、少し落ちると間にあわせに四角い敷瓦を敷いてあります。これは『「講究」は「将就」に如かず』と言い、安上りです。一番お粗末なのは屑瓦の床か或は土間です。

甲　どこの家にも皆オンドルがありますか？

乙　旧式の北京人ならばオンドルで寝ますが、新式の家屋ではとっくにオンドルを取り払い、人達は皆ベッドで寝るようになりました。

甲　庭の中はどの様にしつらえてありますか。

乙　庭の中には金魚鉢・蓮の花の甕、四季の盆栽が並んでいます。夾竹桃・石榴もやはり欠く可からざるしつらえです。夏は尚庭の大小によってアンペラを張って日が射し込まぬようにします。これを「天篷」と呼びます。夜は家中の者が庭に腰掛けて夕涼みをし、蓮の花の清香をかぎながら、空の星を数え、世間話をしたりするのも全く楽しいものです。

甲　私は始終北京の住居はなかなか落ち着いて幽雅なものだと思っていました。今日貴方のおっしゃるのを伺ってみると、果して書物に書いてあるのと同じようですね。

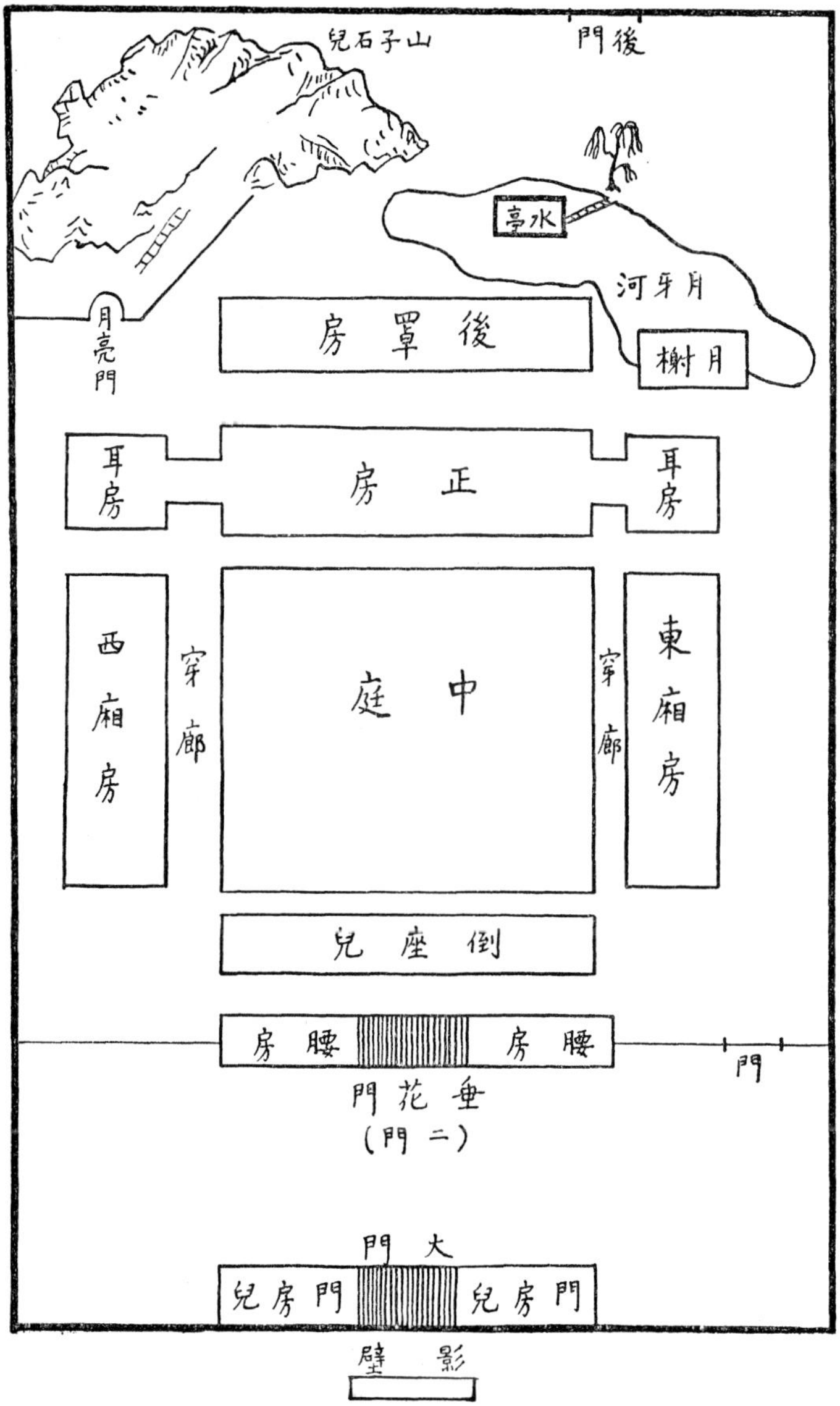

山子石兒
後門
水亭
月牙河
月榭
月亮門
後罩房
耳房
正房
耳房
西廂房
穿廊
中庭
穿廊
東廂房
倒座兒
腰房
腰房
門
垂花門
（二門）
大門
門房兒
門房兒
影壁

第九課　男賓止步

甲：聽說北京的學生大半都是住校，是嗎？

乙：您指的是中學生說的，還是大學生？

甲：我的意思是說：大學生和中學生加在一塊，其中有一大部份住校。

乙：您說的倒是對，不過我願意給您詳細分析一下北京大中學生住的問題。

甲：那更好了。我現在洗耳恭聽。

乙：中學校裡帶宿舍的多半是經費充足的敎會學校，學生住校不住校倒是任其自便*，並非硬性規定。所以年紀小，父母放心不下，或是家離的近的，多半是早上從家裡來，下午放學回家，這叫走讀生。另外有一派住宿生是年齡比較大一點兒的，能自己照*管自己，或是特別喜歡過團體生活，或是

*或說「聽其自便」。

*亦說「能自己招呼自己」。

第九課　男子は遠慮されたし

甲　きく処によれば北京の学生は大半皆校内に住んでいるそうですが、そうなのですか？

乙　貴方は中学生を指して言っていらっしゃるのですか、それとも大学生ですか？

甲　私の意味は、大学生と中学生とを一緒にして、其の中の大部分が学校に住んでいる、と言うのです。

乙　貴方のおっしゃる通りなのですが、貴方に、北京の大学生中学生の住居の問題について詳細に解説して上げたいと思います。

甲　それは一層結構ですな。私は今から耳をすませて拝聴しましょう。

乙　中学校の内で寄宿舎のあるのは大部分が経費の充実しているミッションスクールで、学生が学内に住むか住まないかそれは其の自らの都合に任せてあって、決して強制的に規定しているのではありません。ですから、年が小さくて、父母が安心していられないか、或は家が近い者は、大部分朝家から登校し、午後学校が終ると家に帰る、これを「走読生」と呼びます。外に「住宿生」というグループがいて、これは年齢がやや大きく、自分で

家在外埠，非住校不可的。

甲：那些私立・市立・或國立的中學呢？

乙：因爲那些學校沒有宿舍，所以學生只能走讀。外省的學生爲了住的問題，有時不得不設法進教會學校，就是這個緣故。

甲：大學生們呢？

乙：在城裡的大學很少有宿舍的。學生在本城有家的當然不發生住的問題，外省的同學多半住在親戚朋友家裡，或是公寓裡。那種公寓就有點像此地的學生住的「下宿屋」。

甲：對了，公寓這個名詞，在中國文藝作品裡常常出現的，牠似乎跟文人有密切的關係是的！

乙：可不是嗎！像那些落泊的詩人，遊學異地的學子們多半盤旋在公寓裡，他們更接近

身の廻りのしまつをする事が出来るか、或は特に団体生活をするのが好きか、或は家が地方の都市にあって学内に住まなければならない者です。

甲　其の他の私立・市立、或は国立の中学は？

乙　それ等の学校は寄宿舎がありませんから、学生は只通学するより外はありません。地方の学生は住居の問題の為に、或る時はなんとでもしてミッションスクールに入学せざるを得ないのは、此の為なのです。

甲　大学生達は？

乙　城内の大学は、寄宿舎の有るのは大変少いです。学生で城内に家の有る者は当然住居の問題は起きませんが、地方の学生達は過半親戚や友達の家か、或は「公寓」に住んでいます。そういう「公寓」はこちらの学生が泊っている「下宿屋」に少し似ています。

甲　そうです，「公寓」という此の名は、中国の文芸作品の中によく現れて来ます。其れは文人と密接な関係が有る様ですね！

乙　全くそうなのですよ！　落魄の詩人や他郷に遊学している学生などは大方「公寓」で日を送っているので、一層社会に接近していて、生活経験が豊

社會，生活經驗豐富，有時免不了受點經濟壓迫，再加上寂寞思鄉的情緒，好了，最方便的辦法是用文字來排遣排遣內心的苦悶，所以往往會產生優秀的作品，這就是古人所說的「文以窮而後工*」啊！

甲：您這句話的確有幾分道理，不過請您再接着談談北京大學生住的情形吧！

乙：眞的，咱們把話扯遠了。現在再回到本題——有兩個大學是開在北京西郊，就算有校車通到城裡，跑一趟也得一小時以上，所以校方硬性規定，學生必得住校，每年秋季新學期開始之前，校方錄取新生的名額都是根據宿舍的床位而決定的。所以不管你是否習慣團體生活，無論男女學生，一概得住校。即使有走讀生，他們是附近村中的居民，也佔極少數。這種大學雖然男女合校，可是兩方的宿舍離得極遠，那

*唐古文家韓愈的名言。

富です。時にはどうしても経済的圧迫を受けたり、其の上に寂寞と懐郷の情緒が加わる。さあそこで、最も都合のよい方法は文字を用いて内心の苦悶をはらすことです、それで往々にして優秀な作品を生む事が出来たのです、これが即ち古人の言う「文以窮而後工」ですねえ！

甲　貴方のこのお話は確かにご尤もです。が、どうか続けて北京の大学生の住居の情況を話して下さい！

乙　本当だ、私達は話を遠くそらしてしまった。今又本題に戻りましょう。——北京の西郊に大学が二つあって、たといまあ城内に通じる学校バスが有っても一度乗っても一時間以上かかるので、学校側は強制的に学生は必ず学内に住まわなければならぬことを規定しています。毎年秋新学期の始まる前に、学校側が新入生を銓衡する員数は　寄宿舎の寝台数に拠って定められるのです。ですからあなたが果して団体生活に慣れているかいないかに拘らず、男子学生であると、女子学生であるとを問わず、一様に学内に住まわなければなりません。たとい通学生がいたとしても、彼等は附近の村の者で、極く少数を占めているだけです。此

女生宿舍門前挂着白木牌，端端正正寫着四個黑字是「男賓止步」。同理，男生宿舍前面也有一樣的標幟。所以平時是門禁森嚴。可是一年有一度開放的日子。就是在校*友返校節那天，男女生宿舍，各樓各院全部*開放，任人參觀，女生宿舍無疑的都佈置得花團錦簇，使人看了艷羡不置。就是男生宿舍也不能不換上乾淨的床單，檯布，花瓶裡插上幾朶鮮花，把平日那種狠籍零亂的樣子暫時掩蓋掩蓋，免得教女同學看了，笑掉大牙！

乙：這麼一說，學生們除了在一塊上課以外，更有機會彼此接近啊！

甲：可不！課外的團體和組織*可多了！比方說讀書會・各系學會・班級會・同鄉會，或是為了宗教活動而組織的像團契什麼的。

*每年所有的畢業生們都在那天回到母校來玩。

*當然那天木牌上的字暫時失效。

*加重的語氣。

の種の大学は男女共学ではあるが、しかし両方の寄宿舎は非常に遠く離れていて、女子学生寄宿舎の門前には白木の掛札が掛っていて、大変謹厳に「男賓止歩」の四文字が黒々と書いてあります。同じ理屈で、男子学生の寄宿舎の前にも同様の標識があります。ですからふだんは出入規則が厳重です。しかし一年に一度開放する日があります。即ち「校友返校節」の日には、男女学生の寄宿舎は、各棟各庭全部開放して、自由に参観させます。女子学生の寄宿舎は問題なく皆夫々きらびやかにかざりたてて、見ているとすっかりほれぼれとさせられる。たとい男子学生の寄宿舎でも、きれいなベツトカヴァーやテーブル掛に換え、花瓶には美しい花を幾枝か挿し、ふだんのあのひどく取り散らした様子を暫く覆いかくさない訳には行きません、女子のクラスメートが見て、歯が落ちる程大笑いする事のないように！

乙　そういう風ですと、学生達は一緒に授業を受ける外に、更にお互いに接近する機会が有るのですねえ！

甲　全くそうなのです！　課外の団体とグループとはこれまた多いのですよ！　例えば読書会・各科の学会・クラス会・同郷人会・或は宗教活動の為に組

名目繁多。能幹活潑的同學，一晚上要參加兩三個會，緊張的很。這就是說：大學敎育的方針不但要充實青年的學識，並且有一個更重要的目的是訓練這批將要走入社會的青年有應付「人」和應付「事」的能力呀！

甲：我想像您在學校的時候，一定是很活躍的吧？

乙：您別給我戴高帽子*了！我們在一年級的時候，是「新人*」，所以同學之間普遍的流行着一種「想家病」。每到星期六中午，我們提着小皮包坐着校車*進城的時候，心裡好甜蜜啊！可是一眨眼就到了禮拜日晚上，快離開家的時候，心裡又是何等戀戀不捨呀！不過這種情形到了二年級就好多了，到了三四年級的時候功課忙，連假日

*別恭維我之意。俗語『戴高帽子』

*由英文 Freshman 而來。

*學校爲學生專用進城出城之車，名爲校車。

織した信仰会の様なもの等。名目は大変多いのです。腕のある活溌なクラスメートは、一晩に二つ三つの会に参加しなければならなくて、非常にはりきっています。これは即ち、大学教育の方針が青年の学識を充実させなければならないばかりでなく、其の上に、更に重要な目的の一つは、此の大量の、まさに社会に出ようとしている青年を訓練して、「人」に対処し、「事」を処理する能力を持たしめると言うことなのです。

甲　私は想像するのですが、貴方が学校にいらした時には、きっとなかなか活躍なさったのでしょうね！

乙　私をおだてててはいけませんよ！　私が一年生であった時は初心だったので、クラスメートの間にひろく一種のホームシックが流行していました。土曜日のおひるになる毎に、私達が小さいカバンを提げて、学校バスに乗って城内に入る時は、なんと素敵に楽しいことだったでしょうか！　しかし瞬く間に直ぐ日曜の晩になって、もう直ぐ家を離れて行く時には、又どれ程恋しくて振り切り難いことだったでしょう！　だがこういった状態は二年生になりましたらずっとよくなりました。三・四年生になった時には勉強が忙しくて、休日でさ

都留在校中念書不進城了。

甲：北京學生們「住」的情形，跟此地也大同*小異，什麼時候咱們都有工夫，我也願意給您供獻材料的。

乙：那好極了。我很期待哪！

第十課　大雜院兒

甲：我在一般新小說裡，常看到大雜院兒這個名詞，可就不懂牠究竟是什麼意思。

乙：我先給您解釋北京人住房的情形。譬如一家人家住在一所兒房裡，無論間數多少，也還叫獨門獨院。可是也有的房東光*住北正房，把廂房什麼的租出去，分租給一家或是兩家三家，這種情形有點像此地的「貸間」。雖不是一家，可並不是大雜院兒，如果一所破房兒裡住上十幾家，一家住一

*也差不多之意。

*只

えも校内に留まって勉強し、城内に行きませんでした。

甲　北京の学生達の「住」の様子は、此の地とも大同小異です。いつか二人共暇があったら、私も亦材料を貴方に提供したいものです。

乙　それは大変結構です。大いに期待していますよ！

第十課　裏長屋

甲　私は普通の新小説の中で、始終「大雑院児」という此のことばを見るのですが、其れが結局どういう意味なのか分らないのです。

乙　私はまず貴方に北京の人の住居の状態について説明して上げましょう。例えば一家族の人が一軒の家屋に住んでいるのは、間数の多少に拘わらず、やはり「独門独院」と呼びます。しかし或る家主は只北の「正房」だけに住まい、「廂房」等を貸し、一家族或は二家族三家族に分けて賃貸しします、こういう有様はこちらの間貸しに似ています、一家族ではないが、しかし決して「大雑院児」ではありません。もしも一軒のひどい家の中に、十数家族が住み、一家族が一間《ま》、甚しいのは一間《ま》の半分に

間甚至於半間的，這種情形近於貧民窟，就是所謂的大雜院兒。

甲：大雜院兒往*往是產生文學作品的地方，對嗎？

乙：正因爲大雜院裡，住的人物複雜，生活手段各有不同，造成形形色色戲劇化的人生，當然多半是很悲慘的。這些事情經過文學家生花妙筆的潤色和編排，就成功一部一部曲折動人的小說了。

甲：住在大雜院兒裡的，多半是那些人物呢？

乙：以賣苦力氣的份子居多，比方說拉洋車的・幹小工的，還有跑江湖賣藝的・天橋耍把式的，或是專靠一張嘴吃飯・像說書的，或是算命占*卦的，此外也有一些沒落的王孫，或是窮愁潦倒的文人。

甲：這麼一說，大雜院兒也許是藏龍臥虎的地

＊常常是

＊晋一聲、以占卜爲業的人。

住む、こういった有様は貧民窟に近く、これが所謂「大雜院兒」です。

甲　「大雜院兒」は往々にして文学作品を生み出す所ですが、そうですか？

乙　確かに「大雜院」の中は、住んでいる人物が複雑で、生活の仕方が夫々違っていますから、種々様々な劇的な人生を形づくります、勿論大方は大変悲惨なものです。此等の事柄は、文学者のいきいきした筆の潤色とフィクションによって一部一部の曲折が人を感動させる様な小説を作り上げるのです。

甲　「大雜院兒」の中に住んでいる人は、大方どういう人物ですか？

乙　労働者階級で多数を占めています。例えば人力車夫・人足、又、ながし芸人・天橋の大道芸人或は口で生活している講釈師或は易者の様な者がいます。此の外、一部の没落した王族の子孫、或は零落困窮しておちぶれた文人もいます。

甲　そうすると、「大雜院」兒は偉大な者の潜んでいる所かも知れませんね！

方吧！

乙：那您太過奬了，總之大雜院裡的生活，代表社會的一面，這一點是不可否認的，同時也正是寫文章的好資料，像老舍*的新文藝作品和張恨水*的章回白話小說，例如駱駝祥子和啼笑姻緣等都以大雜院的生活爲背景而發展的故事。

甲：大雜院兒大概都分佈在那一地區？

乙：北京的地方大概分爲東南西北四城，大雜院在各城都有，北城和南城竟是古老破舊的房屋，所以大雜院兒也最多。

甲：聽了您的話以後，我對大雜院兒已經有了一個大概的輪廓，說了半天，忘了問您住在北京什麼地方？

乙：我一直住在東城，雖然搬了幾回家，也沒有離開過東單牌樓的附近。

*現代小說家

*專寫章回體社會小說的作家

乙　それは貴方は褒め過ぎますよ、要するに「大雑院」の中の生活は、社会の一面を代表しています。此の一点は否定出来ないのです。同時に又丁度文章を書く好資料でもあります、「老舎」の新文芸作品や「張恨水」の長篇白話小説の様な。例えば「駱駝祥子」や「啼笑姻縁」等は皆夫々「大雑院」の生活を背景にしてそして発展した物語です。

甲　「大雑院児」は大体皆どの地区に分布していますか？

乙　北京の土地は大体東城・南城・西城・北城の四城に分かれていますが、「大雑院」は各城に皆あります。北城と南城とは全く老朽した家ばかりですから「大雑院児」も亦一番多いのです。

甲　貴方のお話を伺ったので、私は「大雑院児」に対してもう既に大体の輪廓がわかりました。長い事お話ししていたのに、お尋ねするのを忘れていましたが、貴方は北京のどちらにお住まいでしたか？

乙　私はずーっと東城に住んで居りまして、数回引っ越しは致しましたが、東単牌楼の附近を離れたこ

甲：：那一帶有什麼特色？

乙：：離東安市場和中山公園很近，所以繁華熱鬧，加上學校多，因此買東西・上學・聽戲・看電影什麼的都相當方便。

とはありません。

甲　その一帯はどんな特色がありますか？

乙　「東安市場」や「中山公園」から大変近いので、繁華で賑かですし、其れに学校が多くて、買物・通学・観劇・映画見物等皆随分便利です。

第四部　行

第一課　道路不熟

甲：聽說澁谷熱鬧極了，究竟離這兒遠不遠？

乙：澁谷在澁谷區，離咱們文京區相當的遠。

甲：從這兒到那兒怎麽走呢？

乙：要喜歡快，坐馬路上的營業汽車去，二十分鐘可以到了，最省事。

甲：我嫌汽車貴，寧可痲煩點兒坐電車去。

乙：路線很多，據我的經驗，您先走到本鄉三丁目，坐地下鐵到池袋，再換國鐵到澁谷，這條路不慢，從這兒到三丁目，走着去五分鐘，地下鐵全程也就是十一分鐘，池袋到澁谷十五分鐘吧，前後三十幾分鐘。

甲：地下鐵隨時有車嗎？我就怕多等。

乙：隔四分鐘一趟，等也等不了多久。此外坐公共汽車然後換山手線也行。不過過九點

第一課　道が分からない

甲　渋谷は非常に賑かだそうですが、一体此処から遠いのですか？

乙　渋谷は渋谷区にあって、私共の文京区から相当遠いですよ。

甲　此処からどういう風にして行くのですか？

乙　もし速いのがよければ、大通りのタクシーに乗っていらっしゃい、二十分で行けて、一番簡単です。

甲　自動車はたかいですから、寧ろ少し面倒でも電車に乗って行きます。

乙　行き方は色々有りますが、私の経験に拠ると、貴方はまず本郷三丁目に行き、地下鉄に乗って池袋に行き、そこで国鉄に乗り換えて渋谷にいらっしゃい。この道は時間が掛りませんよ。此処から三丁目迄歩いて行って五分、地下鉄は全線でも十一分、池袋から渋谷迄十五分でしょう。前後三十数分です。

甲　地下鉄はすぐに来ますか？　私は長く待つのがいやなのですよ。

乙　四分おきに一回です、待った所で知れていますよ。此の外にバスに乗って行って、それから山手線に

就沒公共汽車了。

甲：我道路不熟，要去還是請您作嚮導，帶我走一回，下次就知道了。

乙：您一個人出去的時候，眞要轉了向*，就找個警察，寫下幾個中國字來，他一看就懂，一定很親切地告訴您。

*在此讀四聲或說迷了路，在此是辨不出方向的意思。

第二課　先撥號碼

甲：請問老先生，這附近有公共電話嗎？

乙：您看在那個犄角上，不是有個警察閣子麼？那旁邊有間小屋兒，就是公共電話。

甲：哦，可不是，我看見了，謝謝您。喲，不過怎麼打，我還有點兒鬧不清楚。

乙：簡單，讓我敎給您。您先撥號碼，叫通以後，趕快拿個十塊錢的銅子兒，擱在這個小洞兒裡，就接上了，您就可以說話了。

乗り換えてもいいです。だが九時を過ぎるとバスがなくなってしまいますよ。

甲　私は道をよく知りませんから、もし行くのでしたらやはり貴方に道案内をお願いします、一度私を連れて行って下されば、その次からは分かります。

乙　貴方が一人で出掛けた時、本当に若し道に迷ったら、お巡りさんのところへ行つて、漢字を書けばすぐ分かりますから、きっと親切に教えてくれますよ。

第二課　先に番号を廻して

甲　お尋ね申します、此の附近に公衆電話がありますか？

乙　ほらあの角にポリスボックスが有るでしょう？その傍に小さいボックスが有りますが、それが公衆電話です。

甲　おう、本当に、見えました。有難うございます。おや、でもどの様に掛けるのか私にはまだはっきりしないのです。

乙　簡単ですよ、教えて上げましょう。まず番号を廻して、通じたら、急いで十円銅貨をこの小さい穴に入れればつながりますからお話出来ますよ。

甲：號碼撥對了，可是怎麼耳機子裡頭老是嗡嗡的？沒人理我？

乙：那大概是正說着話，您先掛上耳機。稍微等等再打吧！

甲：我性子*急，我再叫叫看。

乙：這回通了吧？現在快擱十塊錢。

甲：聲音還是不對。您聽聽！

乙：這不是佔*着線，是那邊兒沒人接。

甲：喲，怪不得沒人接，我的錶已經五點半了。恐怕他們都下班了。不過我有要緊的事，怎麼好？

乙：您可以給他打個電報到他家裡，當時就能送到。

甲：電報局這個時候，還辦公麼？

乙：電報局當然是日夜辦公，您先把電報稿子擬好隨時可以打，不過按照字數算錢，所

*等於「脾氣」

*有人正說着話的意思

甲　番号は正しく廻したのですが、どうして受話機の中では何時迄もブーブー言っているのでしょう？出てくれる人がいないのかしら？

乙　それは大方お話中でしょう、一応受話機をお掛けなさい。少し待ってからもう一度お掛けなさいよ！

甲　私はせっかちなので。もう一度かけてみましょう。

乙　今度は通じたでしょう？　今はやく十円お入れなさい。

甲　音がやはり変です。一寸お聴きになって下さい！

乙　これはお話し中ではなくて、向うに出る人がいないのですよ。

甲　おや、道理で出る人がいない筈ですよ。私の時計はもう五時半です。恐らく皆帰ってしまったのでしょう。でも大事な用があるのですがどうしたらいいでしょう？

乙　お家の方へ電報を打つとよいですよ、すぐにとどきます。

甲　電報局はこんな時にはまだやっていますか？

乙　電報局は当然昼も夜もやっています。電文が出来ていればいつでも打てます。でも字数によって料

以字越少越好。

甲：謝謝您熱心指敎，我現在就去打去，再見！

第三課　王先生在家嗎？

甲：請問您那兒是王宅嗎？

乙：是啊！這兒姓王，您是哪位？

甲：我們這兒是田園調布李家，王文源先生在家嗎？

乙：請稍等一等，我給您看看去。

丙：喂！是幼宏兒嗎？

甲：是文源吧！我還當*是你已經睡覺了哪！這麼半天不出來！

丙：可不是嗎？我今天吃過了晩飯以後，覺着有點兒頭疼，因此很早就躺下，幼宏兄，有什麼要緊的事嗎？

*在此讀三聲「以爲」的意思。

金を計算しますから、字は少ければ少い程いいのですよ。

甲　御親切にお教え下さいまして有り難うございます。今直ぐ打ちに行きます、さようなら。

第三課　王さんいらっしゃいますか？

甲　一寸お尋ねしますがそちらは王さんのお宅ですか？

乙　そうでございます！　此方は王ですが、貴方は何方様でいらっしゃいますか？

甲　こちらは田園調布の李ですが、王文源さんは御在宅ですか？

乙　一寸お待ち下さい、見て参りますから。

丙　もしもし！　幼宏君ですか？

甲　文源でしょう！　僕は叉君はもう寝たのかと思ったよ！　こんなに長いこと出て来ないから！

丙　そうなんだよ。僕は今日夕飯を済ませたあと、少し頭痛がするのでもうとっくに横になったのだ。幼宏君、何か重要な用が有るの？

甲：沒什麼事，我因爲一個人在家很無聊，想約你出去看電影去，你既是頭疼，那就算了吧。

丙：幼宏兒，你不是一個人在家悶得慌嗎？到我這兒來聊聊*好不好？

*俗話「聊天兒」的意思。聊々可用談代替。

甲：好是好，我先打聽打聽您那兒有什麼好吃的，好喝的？

丙：別的沒有，我給您煮上一壺好咖啡，要吃洋點心，出口就有個德國麵包房。我給您預備下就是。

甲：行，等着我，廿分鐘之內一定趕到。

第四課　先下後上

甲：我到橫濱去，坐這個車對吧？

乙：不是這輛車，這輛車不走那條路。

甲：我還當這邊兒的車，都是上橫濱去的呢？

甲　別に用も無いのだが、僕は一人家にいてもどうもつまらないから、君を誘って映画を見に出かけようと思ったのだが、君が頭が痛いのなら、止めにしよう。

丙　幼宏君、君は一人で家に居て退屈でたまらないのだろう？　僕の処へ話でもしに来たらどうだい？

甲　いい事はいいが、それよりも、君のところに何かうまい物やうまい飲物があるかい？

丙　外のものは無いが、コーヒーの良いのを沸して上げよう。ケーキが食べたいなら、うちの門を出ると直ぐドイツのパン屋があるから、君に用意しておいて上げるよ。

甲　よし、待っていてくれ給え、二十分以内にきっと急いで行くよ。

第四課　降車の後乗車

甲　私は横浜に行くのですが、この車に乗っていいでしょうね？

乙　この車ではありませんよ、この車はそちらの方へは行きません。

甲　私は又、こちら側の車は皆横浜へ行くのだと思っ

乙：你上錯了車了！車就要到站，到了站你快下去換車吧！
甲：謝謝，您看對面兒那輛車行嗎？
乙：不對。你得先上天橋，然後往右拐，找二號月台就行了。
甲：我剛到這兒不久，簡直有點兒辨不清方向。
乙：正好，這一位也是要去横濱的，您跟着他走，一定沒錯。
丙：你看，往横濱去的車來了！
甲：來是來了。可是烏壓壓地滿是人，咱們上的去嗎？
丙：這兒車多，平時還好，趕上人們上下班的時候，總是這樣擁擠。
甲：那麽上不去，就再等一輛吧！
丙：車上的人已經下完了*，上去吧，下了不少，

*表示先下後上。

ていたですのよ？
乙　貴方は乗り違えています。車はもう直ぐ駅に着きますから、着いたらはやく降りてお乗り換えなさい！
甲　どうもすみませんでした。あの向う側の車でいいのですか？
乙　違います。まず跨線橋を渡って、それから右へ曲がって、二番ホームへ行けばいいのです。
甲　私はこちらに来たばかりで長くないので、全くどうも方向がはっきり分かりません。
乙　丁度好い、此の方《かた》もやはり横浜に行く方《かた》です。此の方《かた》について行けば、きっと間違いはありません。
丙　ほら、横浜行きの車が来ましたよ！
甲　来た事は来たけれど、しかし真黒にぎゅう詰めで満員だ、私達乗れますか？
丙　此処は電車が多くて、ふだんはまだ好いのですが、ラッシュアワーに出くわすと、いつも此の様にこみ合うのです。
甲　では乗れなければ又一台待ちましょうよ！
丙　車の中の人はもう降りてしまいました、乗りまし

*表示「有很多」的意思

裡頭有的*是地方，可以擠進去。

甲：上的人太多，實在擠不進去！

丙：別躭誤工夫，快到後邊兒去，那兒人少，你看已經吹哨了，車門就要關了！

甲：嚇！眞不易啊！好容易上了車啦！

丙：這就是大都市，人口多的現象，所以擁擠的厲害，等一會兒，車一開，就鬆多了！

甲：外頭很冷，車裡倒是很暖和。

丙：是啊！一來因爲人多，二來車座下頭有暖氣呀！

甲：怪不得這麼暖和，實在講究，倒底是來到這個有國際性的大都市裡。

丙：您從那兒來？來了多久？

甲：從香港來，剛來了一個禮拜，道路還不熟*，今天幸虧您帶領我，要不我又得瞎*找。

*表示「熟習」之意。

*好像盲人找路很難找着。

ょう、大分降りて、中が大変すいたから押して入れますよ。

甲　乗る人が余り多過ぎて、全く入れない！

丙　ぐずぐずしていないで、はやく後の方へ行きましょう、あそこは人が少いから。ほら、もう笛が鳴つた、ドアーが直ぐしまりますよ！

甲　ほう！　本当に大変だ！　やっとの事で乗れた！

丙　流石に大都市だけあって、人口が多いという現象ですね、ですからすごく混み合うのです。一寸待って、電車が動き出すと直ぐずっとすきますよ。

甲　外は寒いのに、車の中はなかなか暖かい。

丙　そうですね！　人が多いのと、座席の下にスチームが有るからですよ！

甲　道理でこんなに暖かい、全くよく出来ています。やっぱり大国際都市ですね。

丙　貴方は何処からいらつしゃったのですか？　いらっしゃってからどれ位になられますか？

甲　香港から来ました。来て一週間で、道がまだよく分かりません。今日は幸に貴方に連れて戴きましたけれど、そうでなかったら私は又まごつかなければなりませんでした。

丙：沒什麽！這是我們地主應當作的事。

甲：車上的秩序眞好，大家對於老年人和小孩子特別親切，都讓座給他們坐，十足表現敬老和惜幼的人情味，給我的印象很好。

丙：那裡，您過奬了。橫濱已經到了！您不下去嗎？

甲：是啊！那麽再見！謝謝！

第五課　不用換車

甲：對不起，我跟您打聽打聽，這個站上有脚夫嗎？

乙：有有，您看那個戴紅帽子穿藍坎肩兒的，身上有號碼的就是脚夫。

甲：哦，謝謝。脚夫，請你把這件行李給我拿到車上去。

丙：是，先生您坐哪節車？

丙　どう致しまして！　これは私共土地の者のお役目ですよ。

甲　車中の秩序が本当にいいですね。皆さんは年寄と子供に特別に親切で、みんな席を譲って掛けさせ、よく敬老と幼児をいたわる人情味が表われていてとても好い印象を受けました。

丙　いやいや貴方は褒め過ぎますよ。横浜にはもう着きましたよ！　お降りになりませんか？

甲　そうですか！　ではさようなら！　有り難うございました！

第五課　乗り換えなくていい

甲　済みませんが、一寸お尋ねします、此の駅には赤帽が居りますか？

乙　居りますとも、ほら、あの赤い帽子をかぶって藍色のチョッキを着て、番号をつけている人が赤帽です。

甲　ああ、有難うございます。赤帽君、此の荷物を列車の中に持って行ってくれ給え。

丙　はい、旦那はどの箱にお乗りになりますか？

甲：前邊那輛，我問你到京都的火車，什麽時候開？
丙：大概九點卅分開，我帶着時間表呢，您請看。
甲：謝謝，總得在明天中午才能到京都吧？
丙：不錯，路上要走半天兒多。
甲：這列火車上有飯車嗎？
丙：有，儘*後頭那輛就是。
甲：這是不是直達的車？還是半路上換車？
丙：不用，不用。直接開到神戸，您半路上，下來看看，倒沒關係。
甲：晚上睡覺怎麽辦？在車上補張臥車票行嗎？
丙：這列車上根本沒有臥車。

*在此可用「頂」字代替。

甲　前のあの箱だ。あのう、京都行の汽車はいつ出ますか？
丙　多分九時三十分に出ます。私は時間表を持って居りますから、どうぞ御覧下さい。
甲　有り難う、明日の正午でなければ京都に着かないのだね？
丙　そうです、道中半日以上かかります。
甲　此の列車には食堂車が有りますか？
丙　有ります、一番後のあの一輛がそうです。
甲　これは直通だろう？　それとも途中で乗り換えかね？
丙　いえいえ。ずっと神戸まで行きます。途中下車して御覧になるのは、それはかまいません。
甲　夜寝るのにはどうしたらいいかな？　列車の中で寝台券を買い足すのはいいですか？
丙　この列車にはもともと寝台車はついていません。

第六課　隨遇而安

甲：您是那天到的東京？

乙：昨兒早上船到了橫濱港，港裡船太多，等港裡的船鬆動了，才開進港。不過爲了等外子*來接，辦理登陸的手續什麼的，一直擔擱到下午三點，我們才坐了小船，靠了碼頭上岸。

甲：一路上很辛苦吧。又得照管小孩，又得照管行李的！一共走了多少天？

乙：我們是廿四號中午在香港上的船，當天沒開，第二天早上六點開的，一共走了九天半。

甲：普通多半是一星期。您坐的船比較慢啊！

乙：對了。因爲我們坐的是貨船，在神戶就爲了卸貨停了兩天半。那時候我可眞着*急，

*可用「我先生」三字代替。

*普通讀二聲、亦有讀一聲的。彷彿的例子；有着火、着涼等。

第六課　環境に安んずる

甲　貴女はいつ東京へお着きになったのですか？

乙　昨日の朝船が横浜港に着きましたが、港に船が余り多いので、そこの船がすいてから、やっと入港しました。けれど主人が迎えに来ることになっていましたし、上陸の手続き等も有りましたので、ずーっと午後三時までひまどって、やっとランチで埠頭に着いて上陸致しましたの。

甲　道中大変でしたでしょう。お子さんのお世話も、荷物の始末もしなければならないし！　全部で何日かかりましたか？

乙　私共は廿四日の正午に香港で船に乗りましたが、其の日は出ないで、翌朝六時に出ました。みんなで九日半かかりました。

甲　普通は大抵一週間です。貴女のお乗りになった船は割合い遅かったですねえ！

乙　そうですの、私共の乗ったのは貨物船だったものですから、神戸で貨物をおろすだけに二日半停まっていました。その時は私本当に気がせいて、東

想打電報給東京，可是一來因爲言語不通，二來船上有規定，不准隨便上岸，除非領個臨時證件，我怕麻煩，只好在船上忍耐着。眼看着已經到了日本，可就是擧目無親！因爲在香港時發出的電報，說明船名和抵埠—橫濱—日期，他們不會到神戸去接的！

甲：海上生活過得慣嗎？茶房們招待還周到嗎？

乙：坐海船在我是第二次，所以還不覺得太苦。船上客人極少，只有我們一家四口和另外一個印度商人。船不大，不過幾千噸。可是「麻雀雖小，五臟俱全」*，什麼餐廳・圖書館啦，應有盡有，不過比不了上萬噸的船。聽說美國總統號船上還有遊泳池呢！好在我們來的時候，正是春天，有也不能游。可是這回我們在船上佔了兩個房

*是一句俗語。

京に電報を打ちたいと思いましたが、言葉は通じないし、船には規則があって、臨時の証明書をとらないかぎり勝手に上陸するのを許しません。私はそれが面倒なので、やむなく船の中で我慢していました、もう已に日本に来ているのですが、それなのに何処にも身よりの者は居りません。何故なら香港で打った電報には、船名と横浜に入港する日を知らせましたから、神戸に迎えに来る筈は有り得ませんわ！

甲　海上の生活は馴れましたか？　ボーイ達のサーヴィスは行き届いていましたか？

乙　海洋汽船に乗るのは私にとっては二回目です、ですからそんなにひどく苦しいとは感じませんでした。船ではお客は非常に少くて、只私達一家四人と外に印度商人が一人いるだけでした。船は大きくなくて、数千噸に過ぎません。けれど「雀は小さくとも五臓皆具わる」、の例えで、食堂や読書室など何でも備わっていますが、万噸以上の船にはかないません、米国の President Wilson 号は船の上になおプールが有るそうですね！　いいことには私共が来る時は、丁度春ですから、有っても泳げませんけれど。しかし今度は私共は船では

間，舒服極了。茶房招呼*得很周到，吃飯都是給端到房間裡吃。

甲：船上伙食講究吧！您倒還吃得下？

乙：因爲我帶着暈船藥哪！一有點兒不舒服，馬上吃兩粒藥。可是過了三四天以後，船走到大洋中間，風浪大了，藥也不靈了。有一天惡心的厲害，一直躺在床上起不來！別說吃西餐，連聞見紅茶的味兒都想吐！

甲：小孩兒們怎麼樣？大概不暈船吧！

乙：奇怪的是小孩兒一個也不暈船，大吃特吃，有一次他們在甲板上玩兒，待一會兒，端了盤熱氣騰騰的水餃子進來。一問，才知道是船上的「天津衞」*的水手們送的。更奇怪的是我一見餃子，食慾忽然來了，等

*可用「伺候」代替，但稍嫌陳腐一點。

*俗語「天津衞」就是「天津」的意思。

船室を二つとって、大変に気持がようございました。ボーイは応待がなかなか行き届いていて、食事も皆船室に持って来てもらって食べました。

甲　船の食事はよく出来ていましたでしょう！　貴女にはなんとか召し上れましたか？

乙　船酔の薬を持っていましたから！　一寸気持が悪いと直ぐ二粒のみました。けれど三・四日過ぎて、船が大海の真中に来て、波風がひどくなると、薬も利かなくなってしまいました。或る日などひどく嘔き気がして、ずーっとベットに横になったきり起きられませんでした！　洋食を食べるどころか、紅茶の匂いをかいでさえも嘔き度くなってしまいましたの！

甲　子供さん達は如何でした？　大方酔わなかったでしょう！

乙　不思議なのは子供が一人も酔わずに、大いに食べた事ですの。或る時、彼等が甲板で遊んでいて、暫くしたらあつあつの水餃子を一皿持って入って来ました、聞いてみたら、船に乗っている天津の水夫さん達が下さったものだったのです。もっと不思議なのは、私はその餃子を見たとたんに食慾が急に出て来て、餃子を食べ終ったら、胃はもう

把餃子吃完，胃裡也不再鬧騰了！敢情餃子比藥還靈！從那天晚上起，我跟茶房說明改吃中菜。從此胃口很好，也有精神出來看看海上的景致什麼的，嘔吐的毛病，爽然若失！

甲：餃子可以治暈船，這倒是頭一回聽見！

乙：「*信不信由你」！總之暈船的時侯，吃點鹹的，合口味的就會慢慢好起來，越不吃越難受！這叫惡性循環。但是油膩千萬少吃。

甲：聽您的口氣，船上過的還不壞！

乙：沒法子！只好「*隨遇而安」。這次來日本，本想坐飛機，可是行李太多，*不得不坐船。船上生活枯燥是枯燥，倒是看海景兒的好機會。尤其是船一進日本內海，就在許多小島中間穿來穿去，青山綠水，風景如畫！

*中國小報上有專欄世界奇聞標題如此。此處當他爲成語借用。

*成語、相仿的有「既來之、則安之」。

*不得不＝一定得

むかむかしなくなりました！ 何と、餃子は薬よりもよく利くじゃありませんか！ 其の日の晩から、私はボーイに訳を話して中国料理を食べる事にしました。それから胃も大変よく、元気も出て、外に出て海の景色等を眺めたりしました。嘔き気は忘れた様にさっぱりしてしまいました。

甲　餃子が船酔いを癒すなんてこれこそはじめて聞きました。

乙　「信じる信じないは御意の儘」！ 要するに船に酔った時には、少し、鹹い物や口に合う物を食べると段々とよくなるので、食べなければ食べない程苦しいのですわ！ これを悪循環というのです。でも油こいものは必ず控え目にしなければいけません。

甲　貴女のお話し振りを聞いていると、船上生活はなかなか好かったじゃありませんか！

乙　仕方がありませんわ！ 只「其の境遇に安んずる」より外はありませんもの。今度日本に来るのには、もともと飛行機で来るつもりでしたが、荷物が多過ぎて、どうしても船にしなければならなかったのです。船の生活は殺風景は殺風景ですが、却って海の景色を見る好い機会です。取り分け船が日

甲：謝謝您陪我談了半天話，我看您累了吧？等您休息一兩天，我內人要給您接風呢！

乙：那不敢當，應該我先拜望大嫂*去。

甲：我替她謝謝，您歇着吧，改日再見！

乙：再見。

*大嫂是通常時朋友的妻子、一種比較親切的稱呼。

第七課　出國幾部曲

甲：上月聽說您要出國，是嗎？

乙：可不是，目前我正在辦理出國手續哪！

甲：護照批下來了嗎？

乙：護照倒是已經下來了。

甲：那可得恭喜，什麼時候動身呢？

乙：早着呢！出國的幾部曲，有了護照，不過

本の内海に入るとすぐ、沢山の小さい島々の間を通り抜け〳〵して、青山緑水、風景は絵の様でした。

甲　どうもすみませんでした。すっかりおしゃべりしてしまって、お疲れになったでしょう？　一両日お休みになってから家内が歓迎のお招きをしようと言って居ります。

乙　恐れ入ります。私が先に奥様をお訪ねするべきですわ。

甲　有り難うございます。どうぞお休み下さい。そのうち又会いましょう！

乙　いずれ又。

第七課　渡航迄の幾段階

甲　先月聞いたのですが貴方は渡航なさるとか、そうなのですか？

乙　そうなのです。今丁度渡航手続きをしているところなのですよ！

甲　旅券は下りましたか？

乙　旅券の方はもう下りました。

甲　それはどうもおめでとうございます。いつお立ちですか？

乙　まだまだですよ！　渡航の幾段階の中で旅券が下

剛辦好頭一步手續。

甲　此外還有什麼名目啊？

乙：第二步就是申請入國的許可了。

甲：囉*嗦不囉嗦？

乙：還算簡單，把護照跟一切應該填寫的各種申請表填齊，向那個國家的領事館申請許可就是了。

甲：這倒比較省事！

乙：不過說不定以後還有請老兄幫忙的地方。

甲：哪方面呢？我力量能達到的話，一定幫忙。

乙：也許要請貴公司替我作個保什麼的。

甲：你我之間，這點小事，好辦好辦。

乙：這一來我就放心了，那我先道謝了。

甲：那兒的話，有了準日子動身，我們要給您送行的。

*可用「麻煩」代替。

りたことは、第一歩の手続きをやったところにすぎないのですよ。

甲　此の外にどういう段取りがまだ有りますか？

乙　第二番目は即ち入国の許可を申請する事ですよ。

甲　面倒ですか？

乙　大したことはありません。旅券と、一切の書き込むべき各種の申請書を全部書き込んで、その国の領事館に許可を申請するだけです。

甲　その方は割合いに簡単なのですねえ！

乙　しかし、これから先、倘貴方にお手伝いをお願いすることがあるかも知れません。

甲　どの方面ですか？　私がお役に立ちますならば、必ずお手伝いします。

乙　貴方の会社に私の保証をして頂く事等をお願いするかも知れません。

甲　貴方と私との間柄です、そんな小さな事お安い御用ですよ。

乙　これで私は安心です、では先にお礼申し上げますよ。

甲　どう致しまして。御出発の日が定まりましたら、私達お見送り致しますよ。

乙：不敢當，咱們找個地方聚一聚好了。

第八課　旅行是人生樂事

甲：我有個朋友，最近要到美國留學去，跟我商量到哪家航空公司去買飛機票的事。

乙：這不用多研究，只要打個電話給專門賣船票飛機票的旅行社，自然有人親自來直接跟你接洽。

甲：那麼我就馬上打個電話試試。

甲：喂，喂，你是大阪旅行社嗎？此地有幾位先生要買到美國去的飛機票，不知道詳細的辦法。你那邊有人，請過來談談。

丙：好，好，您是助友公司嗎？我們這兒馬上派職員到您的公司去當面說明具體辦法。

丙：您喜歡坐那個公司的飛機？

乙　恐れ入ります。一度どこかで集まりましょうよ。

第八課　旅行は人生の楽しみ

甲　私のある友達が、近くアメリカに留学するので、どの航空会社に飛行機の切符を買いに行こうかと相談するのですが。

乙　これは何もむずかしく考えることはありませんよ、船や飛行機の切符を専門に売る旅行社に電話を掛けさえすれば、先方から誰かやって来て直接貴方と折衝します。

甲　では私は直ぐ電話を掛けてみます。

甲　もしもし、そちらは大阪旅行社ですか？　こちらにアメリカ行きの飛行機の切符を買いたい方が数人いらっしゃるのですが、詳細な方法がわかりませんので、どなたか来て頂いて、お話しして下さいませんか。

丙　よろしうございます。そちらは、助友会社でいらっしゃいますか？　私共の方から直ぐ職員を差し向けて、お目にかかって具体的な方法を説明申し上げるようにさせます。

丙　貴方様はどの会社の飛行機にお乗りになりたいの

*似乎已變成專名詞、對飛機上的女工作人員一種尊稱。

*「喜歡」的意思。

甲：從日本動身，乾脆就坐日本公司的飛機。

丙：日本航空公司的飛機，服務非常周到，尤其是幾位「空中小姐」*都有很高的教養和豐富的常識，殷勤體貼，使您覺得旅行實在是人生樂事。

甲：那麼我決定坐日本飛機去，不知道一個禮拜有幾班飛機？

丙：從東京起飛的飛機，因爲是各航空公司的飛機，所以天天有。隨時起身都可以。不過您既是樂意*坐日本航空公司的飛機。一個禮拜只有三班，您預備什麼時候動身？

甲：下月初旬。

丙：我給您查查—正好下月初七有班機去美國舊金山。

甲：是直飛美國，還是在路上停一停？

ですか？

甲　日本から立つのですから、いっそ日本の会社の飛行機に乗りましょう。

丙　日本の航空会社の飛行機は、サーヴィスが大変行き届いて居ります。取り分け数人のスチュワーデスは皆なかなか高い教養と豊富な常識とを持っていまして、丁寧で気が利き、貴方にとても楽しく旅行をして頂けると存じます。

甲　では私は日本の飛行機にのつて行く事に定めます。一週間に何回飛行機が出ますかしら？

丙　東京から飛ぶ飛行機は、各航空会社のですから、毎日有りまして、いつでも差し支えなく立てますが、貴方様が日航の飛行機にお乗りになるのがおよろしいのでしたら、週に三回しかございません。貴方はいつお立ちになるお心算ですか？

甲　来月初旬です。

丙　調べて差し上げましょう。丁度好いことに来月七日にアメリカの桑港に行くのが有ります。

甲　アメリカへ直航ですか、それとも途中で一寸停まるのですか？

丙：這是直飛美國的。不過您時間富餘，不必一定坐直達的，路上停一停，可以遊覽風景，尤其是在火奴魯魯停的時候，特別有意思，您的意思怎麽樣？

甲：直達頂好，那邊學校要開學了，再説我要去的地方是紐約怎麽辦？

乙：那麽從舊金山到紐約這一段，我給您訂聯票好了。

甲：行李能帶多少磅？票款是付美金還是日金？航空壽險是不是包括票價之内？

丙：手提的小東西不算，另外每人可帶十五公斤的行李。你坐日本航空公司的飛機，付日金就可以，航空壽險另外算，不多，可是對客人家屬有保障。

甲：那麽我都明白了，這是我的護照和美國入國許可文件。

丙　これはアメリカへ直航するのです。が、貴方様のお時間に余裕があれば必ずしも直航のでなくてもおよろしいでしょう。途中で一寸停まって、景色を見物なさるのもよろしいのですよ、取り分けホノルルに停まった時は、特に面白うございます。貴方様のお考えは如何ですか？

甲　直航が一番いい、あちらの学校はもう直ぐ始まりますから。それに、私の行き先は紐育なのですが、どうしたらいいでしょう？

乙　では桑港から紐育迄の間は、私が連絡切符を予約して差し上げればよろしうございましょう。

甲　荷物は何磅持って行けますか？　切符代はドルで払うのですか、それとも日本円ですか？　航空生命保険は切符代の中に含まれているのではないですか？

丙　手に持つ様な小さな物は勘定に入れませんが、その外に一人十五キロまでの荷物が持てます。日航の飛行機にお乗りになるのでしたら日本円でお払いになればいいのです。航空生命保険は別に計算しますが僅かです。しかしお客様の御家族の方に保障するのです。

甲　ではよく分かりました。これが私の旅券と米国入国許可書です。

丙：請您讓我把號碼記下來，票子明天給您送到。

第九課　別出心裁

甲：看你晒得好黑[*]！暑假過的怎麼樣？

乙：我這一夏天一直住在海邊兒表哥家裡，每天的生活不是游水，就是划船。這一個夏天過的倒不寂寞，你呢？我聽說你們十個人組織了一個旅行團，各處遊山逛水，一定很有意思。

甲：可不是，我們這次只花了很少的代價，玩的地方，得的經驗眞不少。

乙：我倒願聞其詳。

甲：我們一共十個人，每人帶着兩千元旅費，八月一號從東京出發，第一個目的地是日光，到達以後，天已經很晚，當晚就在車站上的侯車室裡睡了一夜。這樣不但省了

* 「很」的意思強調口氣。

丙　どうか番号を控えさせて下さい。切符は明日おとどけ致します。

第九課　素晴らしい構想

甲　わあよく焦けてるね！　夏休みはどうでしたか？

乙　僕は此の夏中ずーっと海岸の従兄の家に泊まっていて、毎日の生活は泳ぐか、さもなければ、ボートを漕いでいた。此の一夏は却ってさびしくなかった。君は？　聞く処によると君達十人で旅行団を組織して、到る処で山や水に遊んだと言う事だが、きっとなかなか面白かったろう。

甲　全くそうだよ、僕達は今度はとても僅かの金で方方遊べて、大変いい経験になったよ。

乙　僕は其の詳しいところを聞きたいなあ。

甲　僕達は皆で十人、各人二千円の旅費を持って、八月一日東京から出発し、第一番の目的地は日光だ、着いた時は時刻がもう大分遅かったから、その晩は駅の待合室で一晩寝た。こういうのは只旅館代の節約ばかりでなく、外に一種の新鮮な気分が味

住旅館的錢，而且別有一種新鮮的味道。

乙：住的問題解決了，吃飯可沒處「揩*油」了吧？

甲：也早有打算，當我們爬山爬餓了的時侯，就用隨身帶着的汽油爐、米和鹹菜，隨時升火作飯，就地野餐。

乙：眞*行！怪不得才花了兩千元哪！都玩了什麼地方？

甲：在日光大玩特玩以後，就出發到第二個目的地，十和田湖，後來又到青森，在那兒住了幾天，沿路飽餐秀色，並且毫不客氣都給收進了鏡頭。

乙：你們成績實在可觀，明天把所有的作品都拿來叫我欣賞欣賞。

甲：不成問題，明天一定帶來給你看，你會發現我們的照像技術很成功哪！

*玩笑話，表示白吃不花錢之意。

*眞計算得精細之意。

える。

乙　泊る問題は解決したとしても、食う方だけはうまく抓み食うところはなかっただろう。

甲　それもちゃんと心算が有ったんだよ。山に登って腹がへった時には、直ぐ携帯していたガソリンコンロと米と漬物とで、随時に火を起して飯を炊き其の場で野外の食事をするんだ。

乙　全くやるね！　道理で只二千円使っただけなのだね！　一体何処を遊んだのだ？

甲　日光で大いに遊んだ後、直ぐ出発して第二の目的地、十和田湖に行き、それから青森に着いて、そこで五・六日泊った。道中景色を飽きるほどながめ、その上どんどん遠慮なく皆カメラに収めた。

乙　君達の出来ばえは全く見上げたものだ、明日君達の作品をあるだけ全部持って来て僕に一つ鑑賞させてくれ給え。

甲　お安い御用だ、明日きつと持って来て見せて上げるよ、僕達の写真技術がなかなか成功しているのが分かるよ！

乙：你們這一次眞是「別出心裁」，既經濟，又有趣，實在値得倣效。

甲：老李怎麼還沒來？他今天一定要遲到了。

乙：我看他是「樂不思蜀」*了。

甲：怎麼呢？

乙：他在暑假裡找到了一個臨時的工作，是給一個中學生補習英文和算術。地點是在輕井澤那個學生的別墅裡。更妙的是一位女學生。這你應該明白了吧！

甲：這一來老李是眞美。又避暑，又掙錢，說不定有更進一步的發展。實在是運氣好。教我們羨慕得很哪！

*〔三國志蜀志後主紀、注〕漢晉春秋曰、司馬文王與禪宴。故作蜀技、禪談笑自若、他日王向禪曰、頗思蜀否？禪曰、此間樂不思蜀。

第十課　臥遊日光

甲：秋高氣爽，這兩天到日光去看紅葉，一定很有意思。

乙　君達今度は本当に「素晴らしい構想」だね、経済である上に、又面白くて、全く見習う価値があるね。

甲　李君はどうして未だ来ないのかな？　彼は今日は必ず遅刻するよ。

乙　彼は「楽しいので蜀を思わない」というのだと思うよ。

甲　どうして？

乙　彼は夏休みにアルバイトを見附けたのだ、それは一人の中学生に英語と算術とを補習して上げるので、所は軽井沢の其の学生の別荘なのだ。もっと素敵なのは相手が女子学生なのだ。これで君は当然分かった筈だ！

甲　それはそれは、李君は本当にうまいことやっているなあ、避暑もし、金も儲け、その上一段の発展が有るかも知れないし。全く運が好い。羨しいことだね。

第十課　居ながらにして日光に遊ぶ

甲　天高く気爽かな時節、今日光へ紅葉を見に行ったら、きっと素晴らしいでしょうね。

乙：看紅葉嗎？似乎還早點吧！

甲：你不覺得今年秋天，比往年來的早嗎？

乙：就說今年涼快的早，楓葉總得在十月裡，才能紅透*哪！

甲：我也不堅持這點，早晚要去逛逛，我先請教請教您這位「日本通」，從這兒到日光，路上得走幾個鐘頭？

乙：您就從上野坐普通的火車，四個多鐘頭可以到日光。記着！半路上還得換一回車呢！不過最近又有一種特快的電車，據說兩小時就到了。

甲：那太方便了，我很難匀出工夫去旅行，要是去，也打算當天趕回東京才好。

乙：日光地方大得很哪！一天怎麼能玩得過來呢？要打算各處都玩遍，非一個禮拜不可。

*在此表示全紅之意。

乙　紅葉を見るのですって？　未だ少し早い様ですね！

甲　貴女は今年の秋は、いつもより早く来たとお感じにならない？

乙　今年は早く涼しくなったとは言っても、楓の葉はどうしても十月でなければすっかり赤くならないのよ！

甲　私別にその点については頑張らないわ、いずれ遊びに行くつもりだから。私はまず「日本通」の貴女に教えて頂きたいわ。此処から日光迄、道中何時間かかりますの？

乙　上野から普通列車に乗れば、四時間余りで日光につきます。覚えていらっしゃいよ！　途中で又乗り換えなければならないのですから。ですけれど最近又一種の特別快速の電車が有って、二時間でつくとの事ですわ。

甲　それは随分便利だわ、私はなかなか旅行の時間が都合出来ないので、若し行ったとしても、日帰りで急いで東京に帰って来るようにする方がいいんですよ。

乙　日光はなかなか広いのよ！　一日でどうして見物して来られて？　もしすっかり見物するつもりなら、一週間でなければ駄目よ。

甲：「走馬觀花」*式的逛逛，兩三天也够了吧！

乙：與其走馬觀花，不如專逛幾處精彩的地方，像東照宮是建築在山腰裡，眞是雕梁畫棟，金碧輝煌，跟宮殿似*的。實在是美術之宮，不可不看。

甲：什麼時代建築的呢？

乙：早啦！還是德川時候蓋的，離現在有三百多年啦！

甲：此外還有什麼好地方？

乙：此外有個中禪寺湖在半山上，跟中國平地上的西湖什麼的，別有不同，湖水碧綠清澈見底，湖邊上滿眼紅葉襯托着，你說有多漂亮啊！

甲：叫您一說，怎麼忙，也得去逛逛，要不眞是白來一趟日本了。

乙：還有坐登山電纜去看華嚴瀧瀑布，也是逛

*潦潦草草地看看。

*讀「是」音

甲　「馬を走らせて花を観る」様に遊ぶのなら、二三日でも十分でしょう！

乙　急いで大ざっぱに見るよりは、すぐれた処ばかりを幾箇所か見た方がいいわ。例えば東照宮の様なところは、山腹に建っていて本当に雕樑画棟は金碧燦爛として、宮殿の様です。全く美術の殿堂で、見ない訳には行きません。

甲　何時代に建てたの？

乙　ずっと昔よ！　やはり徳川時代に建てたのです、今から三百年余り前になりますわ！

甲　その外にまだどんなよい所があって？

乙　その外、山の方に中禅寺湖があって、中国の平地にある西湖等とはちがっていて、湖水は碧で、透きとおって底が見え、湖畔は見渡す限りの紅葉がうつりはえていて、ねえ、それはそれはステキなのよ！

甲　貴女がそうおっしゃると、どんなに忙しくても遊びに行かなくてはならないわね、もしそうしなかったら、本当に日本に何しに来たか分からないわね。

乙　それに登山ケーブルに乗って華厳滝を見に行く事

日光的時候，不可少的事。

甲：聽您這些話，我也等於在家中臥遊日光。

乙：「*耳聞是虛，眼見是實」，總得身臨其境，

才能領略日光的美呀！

も亦、日光に遊ぶ時には欠いてはならない事です。

甲　貴女のそんなお話を伺っていると、私なんだか家で寝ていながら日光に遊んでいるみたいだわ。

乙　「耳が聞くのはそら事で、目で見るのは本当の事」、どうしても自身で行かなければ日光の美しさは分かりませんよ！

*俗語

第五部

雑項

第一課　有個機會

李：張先生！我姓李，是由交通銀行會計處徐先生介紹來見您的。

張：是，我前兩天也聽徐先生提到您的大名。

李：我從徐先生方面，聽說您的公司有個機*會？

張：關於這件事，不是本公司要人，是由間接方面知道有一個朋友他的貿易行裡，人事有變動，打算聘用一位懂貿易的人作秘書，李先生您對這方面，不知道有沒有興趣？

李：目前我是賦閑，以前自己幹過進出口的買賣，也在朋友貿易行裡幫過忙，對於這方面的業務和一切手續，多少懂一點！

張：這麼一說，李先生對於貿易很在行，經驗很豐富啊！巧*極了！可不知道您對於待遇方面條件怎麼樣？

*可用「缺」字代替。又例、某某機關出了缺、因爲那裡的李會計辭職了。

*正合適的意思。

第一課　チャンスが有る

李　張さん！　私は李と申します、交通銀行会計課の徐さんの御紹介で、貴方にお目に掛かりに参りました。

張　はあ、私も二三日前徐さんから貴方のお名前を伺っておりました。

李　徐さんの方から伺いますと、貴方の会社によいチャンスが有るそうですが？

張　それは、私の方の会社で人を求めているのではなくて、或る友達の貿易商会に、人事の異動があって、一人貿易に明かるい人を招聘して秘書にしようとしているのを間接に知ったのです。李さん貴方はその方面には興味がお有りですか！

李　現在私は遊んでいますが、以前は自分で輸出入の商売をした事がありますし、友達の貿易商会で手伝った事もありまして、その方面の業務や一切の手続に対しては多少心得ております！

張　それでは、李さんは貿易に対してはなかなか玄人で、御経験も大変豊富ですなあ！　誠に好都合だ！　しかし貴方は待遇方面に対しては条件はどんな風でしょうか？

*又說「挑費」包括一切生活必需費用之意。

李：以前我掙的薪水相當高，目前買賣難作，再說都是自己人，我家裡人口簡單，開銷*不大，這一層請斟酌着辦好了。我倒沒什麼成見，這是我的履歷片，請您收下。

張：謝謝，那麼就更好辦了。我馬上把您的情形轉告那個朋友，我想一半天，一定有消息，再打電話給您。

李：一切拜託費心。我不打擾了，再見。

張：再見。

附錄

介紹片子

茲介紹至友○○○君晉謁
台階諸祈
照撫爲感此致
○○○先生台鑒

○○○
頓首
○月○日

李　以前私のとっていた俸給は相当高かったのですが、今は商売はやり難いし、それに皆親しい方々でもあり、私の家は人が少くて出費も多くありませんから、その事はどうか適当になさって下されば結構です。私の方では何とも考えておりません。これが私の履歴書です、どうかお収め下さい。

張　有り難うございます、それならば尚好都合です。私は直ぐ貴方の御様子をその友達に伝えましょう。私はここ一両日中にきっと知らせが有ると思いますから、その上で貴方にお電話します。

李　一切おまかせ申し上げます。よろしくお願い致します、ではお邪魔になりますから失礼致します。いずれ又。

張　いずれ又。

第二課　使他戲劇化

甲：昨天看的那個電影*，你覺着怎麼樣？

乙：好是好，可是看完以後，心裡覺着沈重的很，直到現在，那一幕一幕的，還是淸淸楚楚地好像在眼前是的。陰森森的怪可怕！

甲：那個電影是日本本年度電影界最好出品之一，你看有些場面多麼偉大，主演的明星也都是頭一流的角色哪！

乙：這個電影裡的故事是眞的嗎？

甲：當然不全是眞的，可是像那些亂兵搶劫民家，殺人放火，無法無天的行爲也並不是虛造。

乙：我就奇怪像日本這麼一個法治的國家，怎麼可能發生這些事呢？

*大映作品雨月物語

第二課　それを劇化する

甲　昨日見たあの映画は、どの様にお感じになりましたか？

乙　好いことは好いですが、見終った後で、心の中がとても重苦しく感じて、ずーつと今でも、あの一場々々が、やはりはつきりとまるで目の前に在る様です。非常に恐ろしい位暗くて気味が悪い！

甲　あの映画は日本の本年度の映画界に於ける最も好い作品の一つです。それにね、中にはとても素晴らしい場面が有って、主演のスターも皆第一流の俳優ですよ！

乙　あの映画の中の物語は本当の事ですか？

甲　勿論全部が全部本当というのではありませんが、しかしあれ等の乱兵が民家を掠奪したり、人を殺したり、火を放けたり、という、不法無道な行為は別に虚構の事でもありません。

乙　私はそこで不思議なのですが、日本の様なこんな法治国に、どうしてあの様な事がひき起こされるのでしょうね？

甲　那麼第一得瞭解故事所代表的時代和背景。

乙：看那些人的服裝和打扮，跟現代的日本人不一樣，那是什麼時代呢？

甲：您知道他們穿的衣服是古裝，不是時裝，至於那個時代，正是日本史上一個有名的階段，就是戰國時代，那時候的情形等於是群雄割據，你殺我奪，遭殃的可就是那些無辜的老百姓了。

乙：還有電影裡有些鬼怪的遭遇也代表那個時代的思想嗎？

甲：那些鬼怪故事，多半是由想像來的，要沒有這種穿插，怎能造成悲歡離合的曲折，怎能使他戲劇化，而得到引人入勝的效果呢？

乙：那麼他們不用五彩，偏用黑白片子拍出這個電影，也是爲增加神秘的色調吧！

甲：正是這個意思，總之這個電影給我的印象

甲　それでは第一に物語に現われている時代と背景とを明らかに理解しなければなりませんね。

乙　あの人達の着物と扮装とを見ると、現代の日本人と同じではありませんが、あれは何時代ですか？

甲　彼等の着ているのは昔の服装で、現代のではありません。あの時代ということになると、正に日本歴史上の一つの有名な段階、即ち戦国時代で、その頃の状態は群雄割拠で、互いに殺したり奪ったりで、災難に遭うのは、罪の無い人民達だけですよ。

乙　それから、映画の中の若干の不気味な出来事も其の時代の思想を現しているのですか？

甲　あれ等の不気味な物語は、殆どは想像から来たものです、もしあの様な挿話が無かったら、どうして悲喜離合という曲折をつくり上げ、それを劇化し、そして人々を興に入らせるという効果を挙げる事が出来ましょうか？

乙　では彼等が天然色を使わずに、只黒白のフィルムの方だけ使って此の映画を撮ったのも、やはり神秘的な色調を増す為でしょう！

甲　正に其の意味です。要するに此の映画が私に与え

很深刻。您呢？

乙：我以爲看電影本爲消遣。敎人覺着輕鬆愉快的片子我最喜歡。

甲：原來您不愛看悲劇，喜劇怎麼樣？

乙：太胡鬧的，一點情節也沒有的片子，也不愛。

甲：跳舞的大腿戲您以爲如何？

乙：更膩畏了！我愛看的是音樂片子，或是有歷史價値的片子。

甲：是嗎？正好，咱們去看狂想曲吧，是個音樂片子，中間穿挿點戀愛故事，那個女明星長的小鳥依人*似的，眞漂亮！

乙：我也聽說這片子不壞，禮拜六下了班一塊兒去吧！

*靈瓏可愛的小鳥、老是偎傍着人、此地應解釋爲像一隻偎傍着人、依々不走的可愛的小鳥似的。

た印象はなかなか深刻です。あなたは？

乙　私は映画を見るのは元来慰みの為だと思います。人に、軽快に愉快に感じさせる映画が、私は一番好きです。

甲　そもそもあなたは悲劇を見るのがお好きではなかったのですね、喜劇は如何ですか？

乙　余り無闇に騒々しく、少しの情味もない映画も好きではありません。

甲　ダンスのタップ劇はあなたはどうお考えになりますか？

乙　一層いやらしいです！　私が好きなのは音楽映画、或は歴史的な価値のある映画です。

甲　そうですか？　丁度好い、狂想曲を見に行きましょう、音楽映画で、中に恋愛物語が挟まっているし、あの女優の顔かたちが愛くるしくて、本当に素敵ですよ。

乙　私もその映画は悪くないと聞いています。土曜日勤めが終ったら一緒に行きましょう！

第三課　聽戲不是看戲

甲：到日本快兩年了，還沒看過此地大大有名的歌舞伎哪！

乙：您要去看，最好是先買好票，因爲他們是先期售票，票上有座位的號碼，對號入座，要想有好的座位，非*預先訂座不可。

甲：我也聽說戲票很難買！

乙：除了預約票以外，也有臨時售票的辦法。不過得早去可以買到，此外有一種立見席，站着看，看完一幕就走的。

甲：那倒沒聽說過，不過我還聽說有黑市票？

乙：那是不*公開的，有人去晚了，臨時買不着，就有一種人會走過來向你兜售。票是有，

*非…不可、是一種强調的口氣。譬如、要想身體好、非早睡早起不可。

*祕密的

第三課　「芝居を聴く」ことは「芝居を観る」ことではない

甲　日本に来てもう直ぐ二年になるのですが、まだこちらの非常に有名な歌舞伎を観た事がないのですよ！

乙　貴方が観にいらっしゃりたいのなら、一番いいのは切符を先にちゃんと買って置く事です。何故なら切符を前売し、切符には座席の番号がついていて、番号通りに席に着くのです。もし好い席が欲しければ、どうしても予め席を予約しておかなければ駄目です。

甲　私も芝居の切符はなかなか買うのが難しいと聞いていますが！

乙　前売券の外に、当日売りというやり方もあります。が、早く行かなければ買えないのです、此の外に立見席があって立ちながら観て、一幕見終ったら直ぐ出てしまうのです。

甲　そういうのは聞いた事はありません。が其の外に「闇切符」があるとか聞きましたが？

乙　それはおおっぴらでないのですよ。行くのが遅くなって、その時にうまく手に入れる事が出来ない

座位也好，價錢可就貴了。

甲：那麼我求您給訂三個座位，内人和我，並且要約着您一塊兒去。

乙：好，好，謝謝，您喜歡看日場還是夜場？

甲：您說呢？白天我老沒工夫，還是夜場好吧！

乙：行了。買好了我給您打電話。

乙：這一場戲看完了，您大概很累了吧！

甲：不，不，因爲戲演得好，看着有意思，所以忘了累了。

乙：有人說日本的歌舞伎像中國的大戲，您覺得怎麼樣？

甲：照這兩種戲在藝術的地位上，在國民的心

人があると、或種の人が売り込みにやって来ることもある。切符は手に入るし、席もいいのですが、その値段ときたら高いですよ。

甲　では貴方に三人分の席を予約して頂きましょう、家内と私、それから貴方をお誘いして御一緒に行きたいのです。

乙　それは、それは、有り難うございます、昼之部がいいですか、それとも夜之部ですか？

甲　そうですねえ、昼は私はいつも暇がありませんから、やはり夜之部がいいでしょう！

乙　よろしうございます。買えましたらお電話致します。

乙　此のお芝居を御覧になって、さぞかしお疲れになったでしょう！

甲　いやいや、芝居が上手で、面白かったので、疲れを忘れてしまいました。

乙　日本の歌舞伎は中国の京劇に似ているという人が有りますが、貴方はどうお感じになりましたか？

甲　此の二種類の芝居を、芸術上の地位と国民の感覚とからみると、確かに同様な価値を持っています、

目中的確有同樣的價值，不過嚴格地，個別地分析，兩者在唱工*，做派方面，演出的效果方面大有不同。

乙：怎麼不同呢？

甲：歌舞伎的唱作分爲兩人，中國大戲裡一個角色連唱帶作。演出的效果方面，歌舞伎戲臺很大直通到進口，似乎把劇中人物引到看客中間，佈景和演員的服飾，富麗堂皇，逼肖逼眞。中國大戲是象徵派*，一擧手，一轉身就等於揚鞭上馬，效果方面主要靠演員唱得好，作派細膩。佈景還是其次。所以內行得說聽戲，是聽唱工的好壞，捉*摸那個韻味，不說看戲，看戲是熱*鬧眼睛，是外行話了。

甲：中國戲劇團也全是清一色的男角嗎？

乙：那是早年間的情形，現在老早可以男女合

*唱工做派是中國戲的專名詞。

*牠的反面是寫實派

*又可寫琢磨。

*用形容詞作動詞。又例：給他點兒糖吃、甜甜他的嘴。

が、厳格に、一つ一つ分析すると、両者は、歌と、所作との面や、演出の効果の面に同じでない点が大いに有ります。

乙　どんな風に違いますかな？

甲　歌舞伎の歌と所作とは別々の人がやりますが、中国の京劇では一人の俳優が歌から所作までもやります。演出の効果の面では、歌舞伎の舞台は大変大きく、ずーっと出入口に迄通じていて、劇中の人物を観客の真中へ引き入れている様です、舞台装置や演技者の服飾は華麗で立派で、全くそっくりで真に迫っています。中国の京劇は象徴派で、ちょっと手を挙げ、ちょっと体の向きを変えると、それはそのまま鞭を揚げて馬に乗るのと同じ事になるのです。効果の面では主として演技者の歌い方の上手なのと、所作の細やかなのに依るのです。舞台装置はやはり第二義的なものですから玄人は「芝居を聴く」と言うべきで、歌い方の上手下手を聴いたり、その音色を玩味するので、「芝居を観る」とは言いません、「芝居を観る」というのは目を楽しませる事で、素人語です。

甲　中国戯劇団も全部一律に男優ですか？

乙　それは以前の状態で、現在はとっくに男女一緒に

演，並且男飾女，女飾男的也很多。

第四課　熱得喘不出氣兒來

甲：今天是眞熱得喘不出氣兒來！您府上的房子涼快不涼快？

乙：不涼快，我住的是樓上，陽光直接晒着屋頂。又是朝西北的屋子，因爲兩面有窗戶白天從早上九點起，就是滿屋子大太陽。到了夜晚十一點，熱氣還不散*哪！

甲：原來您那兒也那麼熱哪！不過据報上說！今年夏天這個熱勁兒，對於莊稼特別有利，預卜今年各地方稻子的收成比往年好的多。

乙：這麼一說，咱們城裡人就是稍微熱一點，也不算白受熱呀！

甲：不但五穀年成好，聽說水果也豐收。鄉下人都樂*了。

*在此讀四聲消失的意思。又例、聖誕節前夕、銀座人山人海、到了夜半人還不散哪！

*高興而笑了。又例：我這笑話還沒說完、你先別樂。

演じられる様になっています。その上、男が女に扮し、女が男に扮するのも多いのですよ。

第四課　暑くて息もつけない

甲　今日は全く暑くて息もつけない位だ！　お宅は涼しいですか？

乙　涼しくありません。私の居るのは二階で、日光が直接屋根に照りつけます。それに西北に向いている部屋ですし、両側に窓があるので昼は朝の九時から、もうすっかり部屋一杯照り返しています。夜の十一時になっても、暑さがまだ去らないのですよ。

甲　おやおや貴方の処もそんなに暑いのですねぇ！しかし新聞によると、今年の夏のこの暑さは、農作物には特別によくて、今年は各地で稲の収穫が今迄の年よりもずつと好い事を予言しているそうです。

乙　それでは、我々都会の者はたとい少々暑くとも、まあまあ無意味に暑気にあてられているわけでもありませんね！

甲　五穀の収穫がいいばかりでなく、果物も豊作だそうです。田舎の人は皆喜んでいますよ。

乙：熱雖熱，好在學校放暑假了。可以找個清靜地方避暑去。

甲：學校放是都放了。可是我照樣的忙。

乙：您怎麽不利用利用這個先生們的特權，休養休養自己的身體呢？

甲：一來因爲在暑期講習會擔任幾個鐘點，二來有些大學生想趁着假期跟我補習補習功課，各方面期望甚殷，我也不便*偷懶。

乙：那我就明白了。其實夏天出去旅行也有點樂不抵苦，先說坐在火車上，那一路就把人熱的够受！

甲：您沒見一般青年人的「爬山熱*」嗎？據說是往上爬的時候，越來越涼快。

乙：想想咱們，倒退二十年也有那一股子勇氣呀，現在是比不了*了。

甲：那兒的話，您的精神這麽好，更是老當益

*可用「好」代替。又例：他們公事忙、我不便多打擾。

*熱字在此表示潮流的意思。又例、戰爭時期青年人有一種從軍熱。

*讀、三聲「比不了」表示「不能比」的意思。又例：有病的時候比不了沒病的時候、說話一點兒精神也沒有。

乙　暑い事は暑いが、幸にして学校が夏休みになりましたからどこか静かな処へ避暑に行けますね。

甲　学校はすっかり休みになったことはなりましたが私は相変らず忙しいのです。

乙　貴方はどうして此の先生の特権を利用して、自分の体を休養させないのですか？

甲　一つには夏季講習会で数時間を受け持ち、二つには休暇をいい機会に学科の補習をしてもらいたい大学生がいて、各方面での期待が非常に熱心なので、私も怠けるのは具合が悪いのです。

乙　それで分りました。その実夏出掛けて旅行するのも余り楽ではありませんよ、まず言ってみれば、汽車での途中の暑さはもう真平ですよ！

甲　貴方は一般の青年達の「登山熱」を御存知でしょう。あれは、上に登れば登るほどますます涼しくなるそうです。

乙　そうだねえー、二十年前は私達だってその勇気がありましたよ、今はかなわなくなってしまいました。

甲　どう致しまして、こんなにお元気なのだから、ま

壯啊！

第五課　開的太快了

甲：這是什麼嗚嗚的聲音？

乙：糟糕！交通警察開着摩托車追過來了！

甲：別管他！一直往前開，行不行？

乙：那不行，我得馬上殺車，要不引起他誤會！

甲：都是你開的太快了，*找麻煩！他已經把車停在我們前頭，把我們給*截住了。

乙：你不要再言語，認罰就是了，*誰讓咱們犯了規了呢！

丙：你怎麼還不停車？你知道不知道？你開車的速度超過了規定？

甲：是，我錯了，實在對不起！

*惹的意思。

*攔住之意。

*意思是自己的錯、犯了規、只好受罰。又例：他受了凉！誰讓他穿那麼少哪！

すますもって「老いて益々壯んなり」ですなあ！

第五課　飛ばし方が速すぎた

甲　あのウーウーというのは何の音だろうね？

乙　しまった！　交通巡査がオートバイで追いかけて来たぞ！

甲　かまうな！　真直ぐに前へ走らせてはいけないかい？

乙　それはいけないよ、僕は直ぐ急停車しなくては。でないと誤解を招くよ！

甲　どだい君の飛ばし方が余り速すぎるから、面倒な事になるんだ！　もう車を僕達の前に停めて、立ち往生させてしまった。

乙　君はもう何も言うな。罰を受けるだけだよ、誰が我々に違犯させたと言うのか。

丙　君はどうしてまだ車を停めないのかね？　君は知っているかね？　君の速度が規定を超過しているのを！

甲　はあ、私が悪うございました、全く申訳ありません！

丙：錯了不行啊！把你的開車執照拿出來！你開了幾年車了？

甲：三年了！

丙：三年了*還不懂規矩？照規定最大的時限是一小時卅二哩，你超過了十五哩！

甲：不到十五哩吧！我一個鐘頭不過走廿五哩！

丙：我這個指針上已經淸淸楚楚指出來你的速度，*賴是賴不了的！

甲：我承認這是我的錯誤，請您格外原諒！

丙：公事只有公辦，照警視廳交通規則，開車超過了規定的速度，是要罰款的，你這輛車的號碼我已經記下來了，請拿着這張通知書馬上到櫻田門警視廳去！

甲：是，是，我馬上去繳付罰款！

丙：你得明白，罰款是小事，你要是撞傷了人，

*意思是：有三年的經驗，還不懂開車的規矩，實在奇怪！又例：這麼簡單的話，你還說不淸楚！

*不承認之意。

丙　間違ってはいけないじゃないか！　君の運転免許証を出し給え！　君は何年運転しているのかね？

甲　三年になります！

丙　三年になってもまだきまりを知らないのかね？　規定によると最大時速限度は一時間三十二哩だ、君は十五哩超過だ！

甲　十五哩にはならないでしょう！　私は二十五哩出しただけですよ！

丙　このメーターに君の速度がはっきり出ているんだ、逃れようとしても逃れられっこないのだよ！

甲　これは私の過ちでした。どうか特別のお目こぼしを！

丙　公の事は公に執り行うだけだ、警視庁の交通規則では、規定の速度を超えた場合は、罰金を取るのだ。車の番号はもう控えた。この通知書を持って直ぐ桜田門の警視庁に行って下さい！

甲　はい、はい、直ぐ行って罰金を納めます。

丙　君よく考えてみたまえ。罰金は小さな事だが、も

事情就大了*。懂嗎？

乙：懂，這是我一時大意，我保證以後決不會再發生同様的事。

丙：那是頂好，多留點兒神吧！犯幾次規以後，就要吊銷執照，取消你開車的資格了。

第六課　水火最無情

甲：你聞好大焦臭味，什麽東西燒着了吧？

乙：別那麽大驚小怪的，惑亂人心！

甲：誰跟你說着玩兒，你看那邊房子裡直冒白烟！

乙：唉呀！可不是着火了吧*？難道那家子沒人在家嗎？

甲：離咱們這兒不遠，纔隔三個門，不得了，我快打電話給消防隊去！

*嚴重之意。

*北平土話又名走水，忌諱「着火」二字。例：昨兒晩上隔壁王家走水了。

し人にぶつかって怪我をさせたら、事は大きくなるよ。そうだろ？

乙　分りました、これは私の一時の不注意でした、今後、決して再び同じ様な事をひき起さないことをお誓いします。

丙　それならよろしい。十分に注意しなさい！　度々規則違反をやると、免許証を没収されて運転資格を取消されるのだから。

第六課　水と火とは一番無情

甲　このひどく焦げ臭い匂、何かが燃えているのではない？

乙　そんなに大げさにして、人の心を騒がすなよ！

甲　誰があなたに冗談を言っているものですか、ほらあそこの家の中からしきりに白煙が出ている！

乙　おやっ！　本当に、火事じゃないか？　まさかあの家は人がいないのではあるまいね？

甲　此処から遠くない、たった三軒さきだ、これは大変だ、はやく消防署に電話をかけに行って来よう！

乙：快去打去，號碼知道吧？就撥一百一十九，就行。別慌！我去把總電門也關上，*省得把電線*引着了。

甲：人們剛睡下，把他們都叫起來，各人把要緊的東西擱在手邊上，必要的時候，大家都到街上去。

乙：王家連打了三個電話給消防隊，說是救火車已經開出來了。

甲：唉呀！*竄出火苗來了，火勢不小，消防隊再不來，咱們這兒不保了。

乙：來了，來了，這就不怕了。大家*閃開點兒，好大的烟，*熗死人了。

甲：火勢倒是小下去了。人們可都*嚇傻了。

乙：大家剛從熱被窩出來，很容易着凉，都請進吧！

甲：反正火是着不起來了，大家可以安心睡覺

*又說免得。
*燒着之意。
*有突出之意。但、不可用突出代替
*又可說躲開點兒。
*讀四聲。
*又可說嚇胡塗了。

乙　はやく掛けに行って来い、番号は分っているだろう、ただ一一九番を廻せばいいのだよ。あわててはいけないよ、僕はスイッチのもとを切ってしまおう、電線に引火しないように。

甲　皆はたった今寝ついたばかりだ、皆を呼び起して、めいめい大事な物を手許に置いて、いざと云う時には、みんな通りへ出よう。

乙　王さんの家で続けさまに三度消防署に電話を掛けたら、消防車はもう出たという事だ。

甲　あっ！　炎が吹き出して来た、火勢は相当なものだ。消防隊が今来なければ、ここも危い。

乙　来た来た、これで大丈夫だ。皆さんよけなさい、ひどい煙、むせて死にそうだ。

甲　火勢の方は静まって来た。でもみんなときたら驚いてボーッとなっているわ。

乙　温かい寝床から起き出たばかりで、風邪をひき易いから、皆さあお入りなさい！

甲　どのみちもう燃える心配はない。みんな安心して

了吧。

乙：今兒晚上，眞是飽受一場虛驚！

甲：幸*虧大家剛睡下，加上沒風，火着的慢。

乙：要是大家都睡沈了，再加上大風，說不定得出*幾條人命呢！

甲：今天的火頭*是誰？到底怎麼起的火？

乙：有人說是蚊子香把帳子燒着了，有人說是電線走*火，究竟怎麼回事，大概還沒調查出來吧。

甲：電線是應當常常檢查檢查，水火最是無情了。

乙：你看那所房子燒掉三分之二，損失不在少數。

甲：那是活該*，保險公司倒霉，總得賠償吧！

*又說幸而…

*犧牲或喪失之意。

*引起火來的那個人。

*漏電的意思。

*北平土話、有當然的意思、別人無法幫助。又例：他穿的太少、凍病了的活該

寝てよろしいでしょう。

乙　今夜は、本当にいやと言う程驚かされた。

甲　仕合せにもみんなが寝ついたばかりだったし、それに風が無くて、火の廻りが遅かった。

乙　もしもみんながぐっすり寝入っていて、それに大風が吹いていたら、何人死んだか分からないよ！

甲　今日の火元は誰です？　一体どうして火を出したのです？

乙　或る人は蚊取線香が蚊帳に燃え着いたのだと言い、或る人は漏電と言い、結局どういうことか、大方まだ調べが着いていないのだろう。

甲　電線は始終検査して置くべきですね。水や火は一番無情ですから。

乙　ほら、あの家は三分の二焼け落ちてしまった。大変な損害だ。

甲　それは当り前ですよ、*がばかをみたのは保険会社で、どうしても賠償しなければならないでしょう！

附録

火災後之慰問

甲：昨天才聽說府上走水（失火之別名）的事，實在太不幸，不過幸而人口平安，也是不幸中的大幸哪！

乙：謝謝您老遠來看我，這次實在是家裡人太不小心，才有這樣的事發生，讓親友們跟着着急，我心裡很過意不去的。

甲：意外的災難，誰也難免，好在您的房子聽說保過火險，保險公司總該賠償一部分損失吧！

乙：話是如此，不過精神上所受的驚嚇，眞不是一時半時能休養得好的呀！

第七課　一病不起

甲：近來有位同鄉得腦*充血死了。

乙：是嗎？是那一位？

甲：就是以前在大興實業公司管會計的曹胖子。

乙：他的身體向來很壯，怎麼會一病不起呢？

甲：就因爲太壯，有血壓高的毛病。

*又名中風。

第七課　患らつたきり助からない

甲　近頃或る同郷人が脳充血で亡くなりました。

乙　そうですか？　どなたです？

甲　それは以前大興実業会社で会計をやっていた太った曹君です。

乙　彼の体は今まで大変丈夫だったのに、どうして病気になったきり助からなかったのでしょう？

甲　それは余りに丈夫だったからこそ、高血圧の病気があったのですよ。

乙：知道自己的血壓高，怎麼平時不多注意注意飲食和運動呢？太不小心了！

甲：他這個腦充血的病還是在兩三年以前得的，當時治的快，加上身體結實，抵抗力强，就緩過來了，後來一天到晚打針吃藥，這三年來可就好得多了，表面上一點也看不出來有病。

乙：既是眞見好，怎麼會又死了呢？

甲：他這個病原來就怕累，本來以爲好了，漸漸不在家裡躺着，出來作作事。沒想到有一天正在一位日本朋友的公司裡談生意。越談越興奮，忽然臉色大變，跟着就說不出話來了。全身都不能動了。

乙：當時就完了嗎？

甲：當時不過昏迷過去了，馬上請大夫放血，打針，總算把生命多延長了一兩天，各種

乙　自分の血圧が高いのを知っていて、どうしてふだん飲食や運動に十分に注意しなかったのでしょうかね？　余りにも不注意ですよ！

甲　彼の脳充血はやはり二、三年前にやったのです。その時は手当てが速くて、それに体が丈夫で、抵抗力が強かったから、直ぐ回復しました。そのあと朝から晩迄注射したり薬をのんだり、この三年来それこそずっとよくなりました。表面は少しも病気だとは見えませんでした。

乙　本当によくなってみえたのに、どうしてまた死ぬなんて？

甲　彼のあの病気は本来疲労がいけないのですが、そもそも好くなったと思って、段々家で寝ていないで外に出て仕事をちょいちょいしたのです。ところが或る日丁度日本の友人の会社で商売について話をしているうちに、益々興奮して急に顔色がひどく変って、そのまま話が出来なくなり、全身すっかり動けなくなってしまいました。

乙　その時すぐ亡くなってしまったのですか？

甲　その時は昏睡してしまっただけでした。直ぐ医者にお願いして血を抜くやら、注射するやら、どうにか命を一両日余計のばした訳で、色々の治療を

診療的方法都用到，還是沒有救活。

乙：是死在醫院裡嗎？

甲：那裡*。從暈過去以後，就沒再醒過來，也沒離那間辦公室，大夫什麼的都是請到人家公司裡來看的。

乙：爲什麼不抬到醫院去呢？

甲：已經癱在沙發上了，不敢動他。所以最後的一口氣還是嚥在人家辦公室裡。

乙：唉，怪能幹的一個人，眞可惜！我在國内就認識他，近幾年在這兒很得意*呀！他這一死家裡怎麼辦呢？

甲：我昨天接到訃聞，一看纔知道他有九個小孩子，而且都還沒成年。

乙：那實在太慘了，華僑方面準備有什麼辦法嗎？

*表示否認之意。

*事業很順手之意。

皆やり尽くしましたが、やはり助かりませんでした。

乙　病院で亡くなったのですか？

甲　いやいやどうして。気を失ってから後、そのまま再び意識を取り戻しませんでしたし、又その事務室から離れないで、医者等皆人の会社へ来て看てもらったのです。

乙　何故病院に担ぎ込まなかったのですか？

甲　既にソーファの上に不随になって動けなくなっていましたから、動かせませんでした。ですから最後の息はやはり人の事務室の中で引き取ったのです。

乙　ああ、随分腕のある人なのに、本当に惜しい！私は国にいるときから彼を知っていて、この数年こちらで大変うまくいっていた！　彼がこう死んでしまったら家族はどうするのですか？

甲　私は昨日訃報を受けて、ふと見てみると彼は九人の子供があり、しかも皆未だ成年に達していない事をはじめて知りました。

乙　それは全く悲惨ですね。華僑の方では何か方法を考えていますか？

甲：後天開吊，大概同鄉都去商量個妥實的辦法，照顧這些遺孤。

乙：後天開吊，我先送兩千元奠敬，以後大家有了具體的辦法，我是絕對擁護贊助的。

甲：那很好咱們後天在曹家見！

甲　明後日告別式です。大方同郷人が皆行って、適当な方法を相談して、それ等遺児の面倒を見るでしょう。

乙　明後日告別式ならば、私は先に二千円香奠を贈りましょう。後で皆様が具体的な方法をおきめになりましたら、私は必ず応援してお力添えを致します。

甲　それは大変結構です。明後日曹家でお目に掛りましょう！

附錄

問病

客：恭喜，聽說您的身體已經大好了。

病人：是，託您的福，自從開了刀以後，燒也退了，胃口也好多了。

客：這就好了，眞是吉人自有天相，希望你快々保養好，早早出院吧！

病人：借您的吉言，我也盼着能快點兒起來，照常跟您幾位一塊兒作事啊！什麽的！多好哇！

客：快了，請安心靜養吧，您要是悶得慌，我們必常常來看您的。

病人：謝謝，那好極了！不過您很忙的，不敢當啊！

客：那兒的話哪！這是應當的。

親友家有死亡事故後的吊喪

客：你這次遭這樣大變，實在太想不到了，不過人生百年，也不免有這麼一囘，請您千萬往開裡想，別過份悲哀，保重身體要緊。

主：先父一向身體健康，沒想到突然一病不起，我們作兒子的想到在他老人家生前違背他老人家意思的地方很多，現在就是想順從老人家的心思，也已經晚了，來不及了，想起來怎麼能不傷心哪！

客：您無論怎麼傷心，也不能挽囘老人家的天年，還是節哀爲要，想々老伯的事業和這幾位沒成年的弟弟妹妹，您的責任很大，您總得打起精神才是啊！

主：謝謝您這樣關心我們，您的話很對，先父在天之靈也感激不盡哪！

訃聞

敬訃者　家嚴諱○○公因病醫治罔效遽而痛於昭和○年○月○日午後○時本宅不孝男等悲痛無已謹此遵禮成服停柩於萬國殯儀館茲訂於○月○日午後○時於該館舉行追悼儀式謹此訃告

不孝男　○○　○○　泣叩

素幛

○○老伯大人千古

哲人其萎

晩○○○敬輓

第八課　都很熱心

甲：在您的大學裡，中國文學系的學生多不多？

乙：我們大學是國立的．每系都有一定名額，每年招收新生不超過四十名。

甲：同學們對於念書，都很熱心吧？

乙：一般說起來，還算用功。再一說是學校方面督催的很緊，先生們都很嚴格。

甲：學生們的興趣偏重在那方面呢？

奠敬封套

○○○先生千古

奠敬

○○○謹具

第八課　みんな大変熱心だ

甲　貴方の大学では、中国文学科の学生は多いですか？

乙　私達の大学は国立で、各科夫々一定の定員が有ります。毎年新入生の募集は四十名以内です。

甲　学生達は勉強に、皆なかなか熱心でしょう？

乙　一般的に言えば、まあまあ勉強する方です。それに学校側がなかなかやかましく督励するので先生方も皆大変厳格です。

甲　学生達の興味はどの方面に向いていますか？

乙：有的專門研究文學，注重繙譯，有的喜歡，研究會話，注重實用，現在新興一種潮流，*是語法的研究。

甲：關於中國語法的研究，能否借用英文文法的既有的形式呢？

乙：有人說中國語組織複雜，有人說中國語扼要簡明，總之對這方面的探討，除了前人已有的成就外，還有更多更深鑽研的餘地，雖然可以借用英文文法既有形式來解釋牠，可也不能完全湊合英文文法的套子，而委*曲了牠獨有的特色。

甲：的確，的確，這種工作很艱鉅，還得靠後*生們的努力呀！同學們的中國話說的怎麼樣呢？

乙：平時缺少練習的機會，所以都說的不太流利。

甲：那是您太客氣，我聽到幾位特別用功的同

*又說風氣。

*在此等於忽視的意思。

*以後的青年們。

乙　文学を専門に勉強して、翻訳を重んじる者や、会話の勉強が好きで、実用を重んじる者も有ります。今興っている新しい傾向は語法の研究です。

甲　中国語法の研究には、英文法の既成の形式を借用する事が出来ますか？

乙　或人は中国語は組織が複雑だと言い、或人は中国語は要をつかんで簡明だと言いますが、要するに此の方面に対する探究は、前人の已に有する成果の外に、まだ、更に多く深く研究する余地があります。たとい英文法の既成の形式を借用して、其れを解釈するとしても、完全に英文法の型にはめてしまって其の固有の特色を軽視することは出来ません。

甲　全くそうです、こういう仕事は大変困難を極めるのです。やはり後学の人達の努力に俟たなければなりませんよ！　学生達の中国語は話す方はどうですかね？

乙　ふだん練習の機会が足りないものですから、皆話す方は余り流暢ではありません。

甲　それは貴方御遠慮が過ぎますよ、私は数人の特別

*指着和尚修道而言。

學，跟我說話都很辭能達意，使我很驚訝。這就很不容易，證明是由於先生們教導有方的緣故。

乙：這可不敢當，我記得在中國有句俗語是*「師傅領進門，修行在個人。」作先生的不過是帶着學生進門，實際上有無心得，可得靠同學們自己努力。

甲：貴校每年畢業的同學，找事容易嗎？

乙：各系主任對本系畢業生的職業問題，非常關心。目前一方面由校方盡力向各界推薦，一方面是快到畢業的時候，社會上總有些報館，雜誌社中學校啦到大學要人。因此成績好的同學，找事大概不成問題。

甲：聽了您這簡單的分析以後，那麼一般青年們嚷的「畢業就是失業」，這種論調，未免太悲觀了。

勉強なさる学生さんが私にお話をなさったのを聞きましたが、皆なかなかその「辞能く意を達し」ていて、私は大変びっくりしました。あれまでにはなかなか容易な事ではありません、先生方の御教導が正しい為だということが分かります。

乙　それはどうも恐れ入ります。私は中国の諺で、「師匠は門に入るを導き、修行は個人に在り。」というのを覚えています。先生たる者は学生を連れて門に入るだけに過ぎず、実際上は心に会得する事の有るか無いかこそは、共に学ぶ者達自身の努力に依らなければならないのです。

甲　貴方の学校で毎年卒業する学生達は、就職は楽ですか？

乙　各科の主任は其の科の卒業生の職業の問題に対して、非常に関心を持って居り、現在のところ、一方では学校側が各界に対して推薦に努力し、一方ではやがて卒業期になると社会では、どうしても新聞社や、雑誌社・中学だのが大学に求人に来ます。ですから成績の好い学生の就職は大概問題はありません。

甲　貴方の此の簡単な御説明を伺ってみると、それでは一般の青年が騒いでいる「卒業即失業」という論調は、どうも余り悲観し過ぎなのですね。

第九課　活到老學到老

甲：前些日子聽說你在譯書，如火如荼*的嚷成一片，近來似乎有點無聲無臭的消沈下去了似的！

乙：你老兄別催，什麼事都是欲速則不達，不過無論如何，年前總得交上卷。

甲：說到那兒*，可就應當作到那兒。我很想知道您目前已經譯好多少了？

乙：全書分上下兩卷，上卷早已脫稿，下卷已經譯好二分之一了。

甲：這麼一說，就快大功告成了。您大概一天能譯幾頁？

乙：全書共有三百多頁，照我的規定，一天譯十頁，不是一個多月就能譯好麼？

甲：一天要準能譯十頁，總有一兩千字了。效

*普通的成語、形容興盛繁茂的樣子。

*「說到那兒、作到那兒」表示守信用。

第九課　一生勉強だ

甲　此の間、聞いた処によると、貴方は翻訳のことで火がついた様にしきりにさわいでおられたそうですが、近頃はウンともスンとも言わずに立ち消えになってしまった様ですね！

乙　急がせないで呉れよ、どんな事だって皆「急《せ》いては事を仕損じる」よ。だがどうあろうと、正月前には何とか上巻を渡さなければならない。

甲　言っただけの事はするべきですね。実は現在もうどれだけ訳しておしまいになったか伺いたいのですが？

乙　書物全体は上・下両巻に分かれていて、上巻はとっくに脱稿して、下巻はもう二分の一を訳してしまいました。

甲　そうおっしゃると、もう直ぐ大業が成就するわけですね。大概一日に何頁訳せますか？

乙　書物全体で三百頁余りですから、私のきめた規定によって、一日に十頁訳すとすれば、一ヵ月余りで訳してしまえるではないですか。

甲　一日にもし定まって十頁訳すことが出来れば、ど

率不壞呀！

乙：問題就在這兒—敢情繙譯比寫作更麻煩，有時心緒平靜，靈感說來就來。一下筆繙譯，接連七八頁擱不下筆。

甲：我倒也有這種經驗，眞是痛快極了。

乙：相反地我有時眞是苦思不解，就算意思勉强懂了，筆底下生澀，寫出來的東西，疙*疙瘩瘩的，自己看着都有氣，只好塗抹了再重新寫，可惜寶貴的時間都耗費在查字典，和修辭上了。根本談不到效率啊！

甲：這就是古人所說*「書到用時方恨少，事非經過不知難」！

乙：有時候我眞灰心，幾度想擱下不譯了。

甲：別那麼想，人本來是活*到老，學到老，還有三分學不到哪！您一天裡什麽時候，從

*不流利

*中國俗語

*表示人不是生而知之、也不是萬能的。

うしても一・二千字になりますね。能率がいいですねえ！

乙　問題はここにあるのですよ、ほんとに翻訳は書く事よりも一層面倒で、或る時は心持が落ち着いて、インスピレーションが、思うままにひょっひょっと直ぐ出て来て一度筆を下し訳し出すと続けさまに七・八頁も筆が擱けないのです。

甲　私にもそういう経験がありますが、本当に痛快極ることです。

乙　反対に、私は時には本当に苦心惨憺して、そこで意味がまあ無理にどうにか通じたとしても、筆は円熟しないし、書いた物はゴツゴツして、自分が見ても全く腹が立ち、消しては又新規に書くより外はありません。もったいない、貴重な時間を皆字典を調べるのと修辞とに費して。てんで能率なんてお話になりませんよ！

甲　これこそ古人の言う「学問は用いる時に始めてその足りないことを恨む、事はやって見ないとその難しい事が分らない。」ということです。

乙　或る時には私は本当にがっかりして、幾度抛げ出そうと思ったことか。

甲　その様に考えてはいけませんよ、人はもともと一生勉強の連続で、いくら学んでももうそれでいい

事繙譯呢？

乙：我總在十點以後作事，越是夜深人靜，我越寫的有勁！

甲：日子長了，恐怕睡眠不足，對健康有害吧！

乙：好在我早上不出門，可以大睡特睡！

甲：怪*不得我早上給你打電話，老沒人接哪！好，那麼我預祝您早日完成大作啊！

乙：決不辜負您的好意，至晚年前年後，一定可以出版，您等着，印好了，先送您一本。

甲：謝謝。

第十課　種瓜得瓜，種豆得豆

來賓甲：這幾天接連着是壞天，不是*下雨，就是陰天，可巧今天突然放晴，請看碧藍

*恍然大悟的口氣。又例、他生長在中國呀！怪不得中國語說得那麼流利哪！

*談話的一種形式。又例、不是你死就是我活。

と言うことはありませんよ！　あなたは一日の中でいつ翻訳のお仕事をなさるのですか？

乙　私はいつも十時以後にやります。夜が更けて人の静まる頃になればなる程書くのに油が乗って来るのです！

甲　期間が長くなると、恐らく睡眠不足で、健康に悪いでしょう！

乙　幸いに私は朝は出掛けませんので、大いに寝る事が出来ますよ！

甲　道理で私が朝電話を掛けても、いつも誰も出ないのですね！　さあ、では私は貴方が早く大作を完成なさるように今からお祈り致しますよ！

乙　決して貴方の御好意には背きません、晩くとも正月前後には必ず出版出来ます。印刷が出来上りましたら、まず貴方に一冊差し上げますから待っていらして下さい。

甲　有り難うございます。

第十課　此の因有りて此の果有り

来賓甲　此の数日続いてお天気が悪くて、雨でなければ、曇でしたが、折好く今日は突然晴れ上りました。あの真青な空は本当に見渡す限り一片の雲も

的天空眞是萬里無雲。這不是正象徵着李君在學術前途上，也正是一片光明燦爛嗎？

來賓乙：王君您的口才眞好，現在我們要公推您代表我們全體師生，說幾句慶祝的話，您千萬別推辭才好。

甲　諸位這樣擡舉我，實在是盛意難却，可是我說點什麼好呢？

乙：您既然答應了，我們謝謝你．您隨便說幾句祝賀的話，用*不着過份嚴肅。像您剛才說的那幾句，就很恰當動聽。

甲：好啦！讓我想想吧！

乙：諸位來賓請注意，現在我們要趁着大家在進餐之前幾分鐘裡，公請王君代表全班師友向李君致祝詞。

甲：諸位先生，諸位同學以及特爲祝賀李君而來的學術界的老前輩們，我們今天遠道來

*可以說「不必」。

有りません。これは正に李君が、学問の前途に於いても、やはり限りなく光輝燦爛としていられる事を象徴しているのではありませんか？

来賓乙　王さん貴方は弁舌が本当に上手ですね。今私共は、貴方を、私共、師弟全体を代表して、お祝いの詞を述べて頂くように皆で推薦致しますが決して御辞退なさらないで下さい。

甲　皆様がそんなに私を御推挙下さいまして、全く御厚意を却け難うございます。がしかし私は何をお話ししたらよろしいでしょう？

乙　御承諾下さいまして有り難うございます。御自由にお祝いの詞をお話し下さい。そんなに堅くなくていいのですよ。貴方が今し方おっしゃったあの調子で、非常に当を得て聴く人の心を動かしますよ。

甲　よろしうございます！　一寸考えさせて下さい！

乙　来賓の皆様に申し上げます。只今私共は食事に入る前の数分間、一同王さんにお願い致しまして、師友全体を代表して、李君に祝詞を述べて頂きたいと存じます。

甲　諸先生方、同学、並びに、特に李君に祝意を表する為においでになりました学術界の大先輩諸氏、我々が今日遠路此処に参りまして李君の博士号取

*「說」的意思。

*儌倖之意不該得而得之意。

*很普通的成語。

此參加李君博士學位榮譽會的目的是什麽？我願替大家道*出心頭的喜悅和羨慕，無疑的諸位一定會異口同聲的說：「慶祝李君在學術上的成就」，實在，李君在一般青年中，的確是不可多得的人才，他的年紀這麽輕，而在學術方面種種供獻却不是從今日始，他的成就決不是偶*然的。多少人走上這條崎嶇艱險的學問之路。但是中途，因爲怕難退縮，終於被淘汰的太多了。但李君始終沈着努力，克服在研究期間種種困難和考驗，吃盡了辛苦，犧牲了一般的享樂，最後渡過難關，走上一片平坦大道，得到了學問的眞諦，這種勇氣，這種韌力，我們怎能不佩服，不贊美呢？這就是「種*瓜得瓜，種豆得豆」，下一分工夫，才能得一分結果呀！李君是我們的老朋友也是受我們愛戴的好朋友，我們更

得の祝賀会に参会致しました目的は何でございましょうか？　私は皆様に代りまして心中の喜びと羨望とを申し述べたいと存じます。疑いもなく皆様は必ずや異口同音に「李君の学術上に於ける御成功をお祝い申し上げます」とおっしゃる事と存じます。全く、李君は一般青年の中に於いて、確かに得難い人才であられまして、彼が此の若い年齢で、しかも学術上種々の貢献をされました事は、決して今日より始まったものではございません、彼の成功は決して偶然のものではございません。多くの人が此の険しく困難なる学問の道を進んで居りますが、中途で、困難に挫け退き萎縮し、遂には淘汰されるものが余りにも多いのでありますが、李君は終始沈着努力、研究期に於ける種々の困難と実験とを克服され、辛苦を嘗め尽し、一般の享楽を犠牲にし、最後には難関を乗り越え、長い長い坦坦たる大道に踏み上り、学問の真諦を得られました。此の勇気、この粘り、我々は敬服、賛美せざる能わざるところであります。これ即ちこの因有りてこの果有り、努力が如実に実を結んだのに外ならないのであります。李君は我々の旧き友であられ、亦我々の敬愛する好き友であられます。私共は更に、彼の研究が決して之れで終るべきものではない事を深く深く承知して居るもの

深深知道他的研究，並不會到此爲止，所以我們願意用歡欣鼓舞的心情來預祝他鵬程萬里，前途無量吧！

であります、其の故に私共は喜びと鼓舞の心を以て、彼の鵬程万里有望なる前途を今から祝福申しあげたいのであります。

跋

近來、各大學・高等學校・講習會・ラジオ等に於て、中國語が頓に盛んになって參りました。しかし今日私共の中國語の學習にはかなり多くの課題が殘されてゐるのが現狀です。

語學を修得するには、實際に耳で聞き、口で語る訓練が先づ第一に肝要です。その最も自然な姿は會話の簡單な形から徐々に複雜な形へと進めてゆくことで、しかもその學習過程に於て、言葉の持つニュアンス・リズム・イントネーション、特殊な用法等を會得することが重要なことの一つです。この訓練が、文の讀解並びに飜譯にまで大きな影響を及ぼすにも拘らず、中國語の場合從來その入門の會話書の多いのに比して、やや程度の高いものが非常に少なく未だ十分な成果を上げ得て居りません。且又、相當勉强した人でも、案外日常の卑近な會話に苦心されたり、極めて簡單な言葉を誤解して居られる樣であります。

私共がやや程度の高い、しかも日常の會話を題材とした學習の書『生活與會話』の編纂を企てました所以も實はここにあるのでございます。その名の示します如く、あくまで私共の日常の生活を根底とし、そこに文學的情緒をも加味し、より高い言語生活を目指しながら出來る限り興味深く、しかもその自然な生の姿を崩すことなく朗らかに纏めてみました。從って題材の整理が不十分であり、用語も不統一であり、編者の生活體驗・趣味嗜好を中心とし過ぎた嫌もございますが、要は「何を語ってゐるか」といふ內容よりは寧ろ「如何に語られてゐるか」、更に進んでその輕快なニュアンス・流暢なリズムまで學習して頂ければ編者としてこの上ない喜びでございます。

譯と註並びに附錄は自習と實用の便宜上附けました。諸先生のお奬めも有り語句索引もつけてみました。共々御活用頂ければ幸です。譯文はなかなか難かしく、原文の各語に對應する樣にした爲、所謂逐語譯になり、ぎごちないものとの誇を免れませんが、ともかく上梓して皆樣の御批判・御訂正を心よりお願ひする次第です。

この仕事を終始全面的に御手傳ひ下さいました東洋大學大學院學生太田愛子さんに衷心より感謝申上げます。太田さんは、同大學に於て國語學を專攻して居られますが、湯島聖堂內斯文會主催の中國語講習會の創設以來の熱心な同志でして、水先生の授業にも四年間欠かさず出席され、大變研鑽を積んで居られる篤學な女士です。又この出版を快くお引受け下さいました書籍文物流通會出版部の皆様の獻身的な御支援に對しても深く感謝申上げます。

昭和三十一年五月十五日

於斯文會館　中山時子

第三版の刊行にあたって

初版刊行直後この書は、かつて私ども戦前の中國語學習者のすべてが恩惠を受けました『急就篇』の現代版で、息の長いものになるであろうとのご批評を頂きました。しかし、漸くにして今日第三版刊行の運びになりましたことは、まことに感慨深いものがございます。

思いおこしますと、初版刊行後約四半世紀を經過しましたが、この時のうつろいの間に日本人の中國語の水準は著しく高まり、今日にしてこの書の有用性の眞に理解されるに到ったことを確信する次第であります。さりながら、細部にわたっては幾多の更改の必要性を痛感しながら、この度は諸般の事情によりまして、少修正に止まりましたことは心中頗る忸怩たるものがございます。

私どもは去る昭和五十一年に、この書の姉妹篇として『友情与桥梁』を出版しております。願わくは、この『生活與會話と併せ用いて頂くことによって、皆様の語學力を一層伸張されんことを期待致しております。

流暢で香り高い中國語の會話を通して、隣邦との交流を深め、友情の促進されることを心から祈っております。

昭和五十五年　晩秋

中山時子

生活與會話　趣味と生活の中國語會話學習書　新装版

二〇〇七年九月二〇日　初版第一刷発行
二〇一三年九月　一日　初版第三刷発行

編著者●水世嫦・中山時子

発行者●山田真史
発行所●株式会社東方書店
東京都千代田区神田神保町一―三　〒一〇一―〇〇五一
電話〇三―三二九四―一〇〇一
営業電話〇三―三九三七―〇三〇〇
印刷・製本●富士リプロ株式会社
定価は表紙に表示してあります

ISBN978-4-497-20711-1　C3087

小社ホームページ〈中国・本の情報館〉で小社出版物のご案内をしております。http://www.toho-shoten.co.jp/

＊本書は1980年に東京学習社から発行された同名書籍の新装版です。

語句索引表

【ア】

相変らず 123
愛くるしい 118
相手 30
アイロンの掛け方がピンとする 10
あえる 41
赤帽 95
揚がる（油で） 31
秋風が起つとすぐ 19
明らかに理解する 117
朝から晩迄 56
あざやか 4
昧を思い出す 73
昧を変える 41
あじきない 41
昧わえる 106
遊ぶ（花火で） 53
遊んでいる（失業） 114
温かい寝床 127
頭を痛める 60
新しい気分 51
当り前 128
あたる（火に） 69
あちこち見る 56
あつあつの 99
暑い事は暑い 123
暑さ 122
暑さがすっかり去る 66
暑さはもう真平です 123
集まってさわいだり遊んだりする 48
誂え 12
後で利く（酒） 33
貴女がそうおっしゃると 110
貴方に……して頂く 120
貴女のお名前 114
油が乗る 139
炙る 73
甘くする 50
余る 5
過ち 125
あらい 18
洗いがきれい 10
予め 119
予めお礼を申し上げる 32
現す 117
有り難い 19
アルバイト 108
あるべき物はことごとく具わっている 59
あれこれ選ぶ 16
袷 5
あわててはいけません 127
あわてる 24
暗誦する 74
アンペラ 76

【イ】

イージーメード 12
いい加減 42
言い付ける 68
言うことをきく 16
言う端から書く 40
家が漏る 66
……以外 69
いきいきした筆の潤色 84
息もつけない 122
幾重にも奥まった庭 75
幾段階 101
幾日もありません 7
いける（火を） 71
遺児 132
意識を取り戻す 131
いずれ 17, 109
いずれ又 115
以前 121
急いで 35, 35
急いで大ざっぱに見る 110
偉大な者の潜んでいる 84
板張り（床が） 75
板前 28
炒め料理 41
いためる（そこなう） 18
一度苦労すればいつまでも楽 15
一年中苦労し通す 49
一年に一度しかない此の月夜 45
一番後 96
一番お粗末なの 76
一分ずつつめる 6
一律に 121
一切《いつさい》 64
一切おまかせ申し上げる 115
一式揃い 21
一生勉強 138
いっそ 9, 104
いっそのこと 40
一体 124
言った事は必ず実行する 36
言ったところまでの事はするべきだ 137
いつでも 59, 104
今からお祈りする 139
今迄の年 122
今は 115
いやいやどうして 131
いやと言う程驚かされた 128
いやらしい 118
祝酒 4
いわれ 39
引火する 127
インスピレーション 138

【ウ】

ウエスト 5
受付 75
受取証 65
薄着の方が気持がいい 10
歌から所作までもやる 121
歌と所作 121
歌と、所作との面 121
打つ（電報を） 98
うつりはえる 110
腕のある 131
うどんをおとす 41
初心《うぶ》 82
うまくいく（仕事が） 131
うまくさがせる 56
うまく抓み食う 107
裏長屋 83

売り込み　120
運転資格　126
運転免許証　125
ウンともスンとも
言わない　137

【エ】

映画　116
映画をおごる　53
映画界　116
エネルギーを大い
に節約する　70
……へ曲がる　93
演技者　121
遠近に拘わらず　64
エンジョイメント　5
遠慮する　135
遠慮なく　68
遠慮なく頂きます　30
遠路此処に参りま
して　140

【オ】

オートバイ　124
おあいにくさまです　41
……をいい機会に　123
追いかけて来る　124
お暇する　53
お祝　4
応援してお力添え
をする　132
覆いかくす　81
大いに遊ぶ　107
大いに食べる　99
大いに寝る　139
大方頂いた　34
大きくも小さくも、
自由に出来る　70
大げさにする　126
おおっぴら　119
……を重んじる　135, 135
大家　60
公《おおや》に執り行う　125
おおらか（外観が）　14
おおらか（胸襟が）　45
お返しに御馳走する　34
お構いもしない　34
奥様　101
贈る　6
熾って来る　71
収める　115
惜しい　131
押して入る　94
おしぼり　34
おしゃくする　31
おしゃれが上手　4
晩くとも　139
落着いて仕事する　54
お茶うけ　28
お付合いする　33
お年玉　53
おとなしく　18
お供する　34
驚いてボーッとする　127
同じ好みもある　45
同じでない点が大
いに有る　121
お願いする　50, 140
覚えていらっしゃ
いよ　109
覚えている　36
おまけに　15
お目こぼし　125
おめでたい詞を余
計に念じる　51
おめでとうござい
ます　53
お目にかかる　103
思い出す　73
思いつきを話す　17
思い出のある　22
思いやりがある　31
思う存分に遊ぶ　53
思うままにひょっ
ひょっと直ぐ出
て来て　138
重苦しく　116
おもしろい　72
おもてなしの　46
主に　39
趣《おもむ》きを変える　43
下りる（旅券が）　101
折好く　139
おやおや　122
お役に立ちますな
らば　102
お安い御
用だ　41, 102, 107
お慶び　7
恩恵　71
オンドル　72
オンドルで寝る　76

【カ】

外貨　21
会計をやる　129
買い足す　96
欠いてはならない　111
回復（健康状態が）　130
却って　106
顔を立てて、おい
で頂く　24
かかる（時間が）　96, 109
拘らず　80
書き入れる　68
書き込む　102
掻き立てる（火を）　71
額　21
学識を充実させる　82
掛蒲団の表　21
掛ける（受話機を）　90
囲む　73
火事　126
カシミヤ　13
火勢は相当なものだ　127
風邪をひく　127
風に当る　40
数えてみると　32, 60
家族　105
型が崩れる　10
堅く　140
型にはめる　135
勝つ　24
学科が百点　53
がっかりして　138
担ぎ込む　131
学校側　134, 136
恰好なの（家の）　56
勝手に　98
……かと思う　91
角に在る　67
家内　27, 120
必ず　100
かなり上手　27
かなわない　123
金を送る　15
金が湯水の様に流
れる　49
金が余計にかかる　12
かまうな　124
構わない　41
我慢している　98
カメラに収める　107

貨物をおろす 97
……からみると 120
借りて返せば後がきく 16
仮縫をする 6
軽く見る 49
華麗で立派 121
考えてある 36
考えなおす 7
感覚 120
観客 121
歓迎のお招き 101
鑑賞する 19, 107
感傷的な味わい 45
監督する 24
頑張る 109
玩味する 121

【キ】

気を失う 131
記憶力 36
気をつける 61
気を取られる 33
気がせく 97
機嫌がよい 28
生地 5
寄宿舎のある 78
既成の形式 135
期待が非常に熱心だ 123
貴重な 138
きちんとした 32
生粋の 73
きつ過ぎては駄目 36
切符代 105
気に入る 46, 67
気晴らしをする 40
気前がいい 65
きめた規定によって 137
着物を脱ぐ 9
急停車する 124
恭敬は仰せに従うに如かず 26
恐縮です 57
強制的に 78, 80
興味が有る 114
興味が尽きない 72
興味に引き入れる 117
享楽 141
極点に達す 39
虚構 116
清水の舞台から跳び降りたつもりで 16
切る（スイッチを） 127
きれる（電気装置が） 70
吟詠 45
謹厳に 81
近所同志 57

【ク】

具合が悪い(不都合) 123
潜らせる 30
苦心惨憺 138
ぐずぐずする 94
薬も利かない 99
くせ 16
口を出す 74
口で生活する 84
口に合う 43, 100
口は休みなしだ 46
靴墨を塗る 16
ぐっすり寝入る 128
組になる 63
くよくよする 61
暗くて気味が悪い 116
くるむ 30
玄人 17, 121
詳しいところ 106

【ケ】

敬愛する 141
軽快に 118
傾向 135
軽視する 135
携帯していた 107
軽蔑する 19
毛皮のオーヴァー 17
劇的な人生 84
景色を飽きるほどながめる 107
消す（字を） 138
結局 128
決して 141
険しく困難なる 141
厳格に 121
厳格に言う 50
元気 123
現代の服装 117
顕著な 20
倹約しようとする 15

【コ】

恋しくて振り切り難い 82
厚意を却け難い 140
こういった気持を持つ 48
後学の人 135
高血圧 129
講釈師 84
後世に伝わる 38
交通巡査 124
告別式 132
香奠 132
校内に住む 78
誤解を招く 124
小切手を切る 65
故郷の味 25
小裂 21
濃くなる 47
ここ迄来たからには 59
御自由に 140
故障 58
御随意に 42
跨線橋 93
御馳走になる 25
ゴツゴツする 138
凝った 76
小包 11
こってりする 48
骨董屋 21
孤独の寂しい日を送る 38
言葉は通じない 98
事は大きくなる 126
此のお芝居 120
この数年 131
この通り作る 14
この粘り 141
御飯をつける 33
御飯として頂く 48
御飯にかける 52
御飯のお菜になる 27
御飯の度に必ず酒が要る 28
こまやかな 18
困ります 49
これで 141
こみ合う 93
小もの 21
顧問になる 17
凝る 17
互礼会 53
こかれら先 102

これで 102
これは大変だ 126
昏睡してしまう 130
献立 26
献立をたてる 40
困難を極める 135
困難に挫け退き萎縮し 141
婚礼の招待状 7

【サ】

サーヴィス 98, 104
サージ 10
さあそこで 80
最後の息を引き取る 131
災難に遭う 117
幸い 31
幸いに 94, 139
幸にして 123
幸いにも 19
……さえも 99
……さえ持ち出す 66
捜す 19
先にお礼申し上げる 102
作業ズボンをはく 9
酒を煖める 29
酒の肴にする 45
酒も御飯も十分に頂いた 34
下げる（供物を） 50
差し向ける（人を） 103
さす（盃を） 33
座席の番号 119
定まった様式 74
殺風景 100
さもなければ 6
去らない（暑気が） 122
騒いでいる 136
サラリーマン階級 18
参考にする 17
散財 24
さんざん大騒ぎする 66
三十を越す 31

【シ】

仕合せ 31
仕合せにも 128
時間を都合する 6
時間が都合出来ない 109
時期が熟す 32
敷金 59
式服 21
しきりに 126
しきりにさわぐ 137
敷く（敷瓦を） 76
試験が一番 53
仕事をする 139
仕事をちょいちょいする 130
始終 128
自身で行く 111
静かな処 123
静まる（火勢が） 127
時速限度 125
辞退する 140
親しい方 115
……したとしても 109
……したのに 130
……したばかり 128
……したばっかりに 56
しっかりくくる 12
シック 5
……し尽くす 131
しっくりする 64
しつっこい 37
実のところ 60
実用的な物 6
しつらえ 76
しつらえる 76
詩的な情緒に富む 74
……して値段を吊り上げる 48
……しない限り 98
……しないように 127
……しない訳には行きません 110
品が確実で値段が一杯 14
……しながら……する 72
……しなければ……できない 119
偲ぶ 39
芝居の切符 119
しばらく 37
……し放題だ 67
しまった 124
自慢する 24
事務室 131
邪魔する 115
収穫がいい 122
終始 141
就職 136
十中の九 58
十分に注意する 126
祝詞を述べる 140
宿直に当る 42
祝福する 142
種々様々な 84
主食と副食 40
主人（夫） 97
出入規則が厳重 81
出費 115
主賓 26
寿命が来た 67
順調なことを願う 51
消化し難い 40
正月気分 47, 50
正月前後 139
状差し 21
小数を占める 80
状態 117
承諾する 140
冗談を言う 56, 126
冗談でしょう 17
承知している 29
商品券 7
上品過ぎる 18
消防車 127
消防署 126, 127
消防隊 127
賞味する 27
証明書 98
上陸 97
上陸する 98
暑気にあてられる 122
辞能く意を達す 136
食欲が出る 99
所作 121
署名捺印 60
知らせが有る 115
素人語 121
新規に 138
シングル 14
信仰会 82
人事の異動がある 114
申請する 102
新鮮な気分 106
寝台券 96
死んでしまう 131
新入生 134
信任を得る 38
新聞社 136

辛抱して　73
人民　117
信用出来ない　11

【ス】

スープを作る　41
推挙する　140
随時に　107
推薦　140
スイッチのもと　127
すいてから（疎らになってから）　97
随分　131
推量する　19
数十年前と比べられるものではない　71
透きとおって底が見え　110
好きなものを買う　7
好きな物を何でも択ぶ　26
すく（電車の中が）　94
すぐに　90
直ぐ着る　19
すぐに　88
すぐれた　110
少し落ちる（劣る）　76
少しつめる　5
勧める　15
スタイルブック　14
スチュワーデス　104
頭痛の種　40
すっかり　130
すっかり赤くなる　109
すっかりお任せする　59
すっかり見物する　109
すっかり払う　64
すっかり部屋一杯照り返している　122
すっきりした　64
すっきりしている　20
ズック　15
ずっと気が楽　15
ずっと聞く　73
ずっと前よ　110
素敵　118
スナップ　6
素晴らしい　108
素晴らしい構想　108
総べて無事に思い通りになる　50

図星です　61
済まない（人に）　47
炭をつぐ　70
すり切れ易い　18
スリップ　5
……するか、さもなければ……する　106
……するどころか　99
……するより外はない　100
……すればするほど　123
……すればそれで結構です　60

【セ】

精一杯　48
成果　135
成功　141
誠実な　32
せいぜい半年　15
成年に達する　131
生命保険　105
席　120
席を予約する　119, 120
席に着く　119
世間話をする　76
せっかち　90
節句をする　35
折衝する　103
絶対に　36
説明　136
節約する　27, 106
千古不朽　38
先祖を祭る　49
洗濯と仕上げをこめる　10
洗濯屋　10
全部書き込む　102

【ソ】

ソーファ　131
造詣　19
想像から来た　117
相談する　103
そうですねえ　120
挿話　117
そちらの方へは行かない　92
備え付ける　58
そのあと　130
その上　107

其の境遇に安んずる　100
その位かかる　13
その時　119, 130
其の時になって　49
其の時になって考える　40
其の場で　107
その晩は　106
其の日　97
そのまま　130
その勇気　123
傍で介抱する　31
背く　139
そもそも　118, 130
それこそ　130
それでは　114, 122
それに　128, 130, 134
それはそれは　108, 120
それはそれはステキだ　110
揃っている　13
損害　128
そんなに（度を過ごす）　140
そんなもんだろうが　64

【タ】

体格が立派で　14
大業が成就する　137
退屈でたまらない　92
大事なお正月を迎える　49
大事な物　127
対処する　82
大道芸人　84
第二義的　121
大変でした（苦労が）　97
代用品　37
大量に生産する　20
互いに殺したり奪ったり　117
互いに助け合う　62
高くなる（値が）　48
……だけあって　94
丈が足りる　5
出し方（料理の）　34
確かに　141
多少心得ている　114
多数を占める　84
助かりません（命が）　131

正しい 136
畳が敷いてある 70
立ち往生させる 124
立ち消えになる 137
立見席 119
タップ劇 118
たっぷりした油 30
立て替える 15
建てる 72
たとい 81
たとい……ても 135
たとい……とも 122
……だの 136
楽しみ 24, 39
頼んで差し上げる 62
度々 70
度々規則違反をやる 126
ダブル 14
魂を慰める 39
溜息ばかりつく 60
貯める 16
足りない 135
……たるにはじない 45
誰が我々に違犯さ
せたと言うのか 124
探究 135
男女共学 81
男子は遠慮されたし 78
ダンス 118
段々 130
坦坦たる 141
段取り 102
談判を始める 60
暖房する 71
男優 121

【チ】

知恵をかす 40
血を抜く 130
遅刻する 108
縮んで 11
チャック 6
チャンスが有る 114
ちゃんと買っておく 47
注意する 11
中国文学科 134
注射する 130, 130
丁度好い具合にやる 36
丁度好いことに 104
丁度よい時期で 66
蝶ネクタイをつける 4
直通 96
直航の 104, 105
ちょっと体の向き
を変える 121
ちょっと二年 60
賃貸借契約書を取
り定める 59

【ツ】

追想する 38
序でに 9
遂には 141
通じる（電話が） 89
使い途をちゃんと
割り当てる 17
附合い 14
月見をする 44
つくり上げ 117
作りごとをいう 38
作れば作る程念が
入る 39
つけ合わせの具 41
つけている（番号を） 95
つける（砂糖を） 37
都合がいいように 41
続けさまに 32, 138
勤めが終る 118
つながる（電話が） 89
積み重ねる 50
罪の無い 117

【テ】

手当てが速い 130
……である上に，又 108
定員 134
提供する 83
丁寧で気が利く 104
丁寧に塗る（ニスを） 63
手がかかっている 46
手が器用 36
手が省ける 70
手軽にする 6
出来合いの 12, 59
出来事 117
出来次第着る 6
出来立て 54
出来ている（電文が） 90
適当なのが無い 32
適当にする 115
出来ない（果物が） 73
出来ばえ 107
出来ますか 135
出くわす 93
手ごろ（値段が） 10
デザインがとても
変った趣きだ 63
手仕事をする 72
手伝いをお願いする 102
手伝いをする 35
手伝った事もある 114
……でなくていい 140
……でなければ…
…だ 139
……でなければだめ 109
……でなければ…
…ない 96
手に持つ 105
……で払う 105
手間・生地共で 13
手間賃・生地代合
計する 13
手許に置く 127
手もとに持つ 68
照りつける 122
出る（汽車が） 96
出る（煙が） 126
出る（電話に） 139
出る人がいない
（電話に） 90
電気掛蒲団 71
電気座蒲団 71
電気敷蒲団 71
転居のお祝 57
電車に押しもまれる 18
天高く気爽か 108
てんで 138

【ト】

……ということに
なると 117
どうあろうと 137
どう致しまして 95
当を得る 140
同郷人 129
登校する時 35
当日売 119
どうしても……する 80
どうせ 18
道中 96
どうにか……した訳 130
どうも……ですね 136
道理で 11, 90, 107, 139

……とお思いになりますな 63
遠くそらす（話を） 80
……と思う 130
通りへ出る 127
通り抜け通り抜けする 101
得 11,15
とくいを紹介する 14
得意の 26
督励する 134
渡航 101
渡航手続きをする 101
何処にも身よりの者は居りません 98
登山ケーブル 110
登山熱 123
……としても 138
どだい……だから 124
土地の者 95
途中下車する 96
途中で 96
どちらが無くてもいけない 63
どちらにも好いように 7
どちらの側から 61
とっていた俸給 115
取って置く 40
とどいた（小包が） 11
とどける 106
どの点でも皆いいです 69
どのみち 127
土間 76
停まる 104
トラックを出す 64
取り合わせる 7
取り付ける 71
取り払う 76
とりもつ 32
努力する 136
取り分け 69,100,104,105
撮る（映画を） 117
ドル 105
どんどん構わず 107

【ナ】

内線 75
直す後から又何処か壊れる 67
ながし芸人 84
流す（刑罰） 38
泣き面に蜂 67
慰み 118
亡くなる 130
投げ込む 39
抛げ出す 138
馴染みが出来た 60
懐しむ 73
何事も 37
何しに来たか分からない 110
なんにもならない 17
鍋にかえす 52
生噛り 17
腥くない 34
腥さ物は食べない 42
怠ける 123
波風がひどい 99
嘗め尽し 141
なるほど好い 40
慣れている 80
何でも備わっている 98
何と 100
何という好い風が貴方を吹きよせて来たのでしょう 69
何とかなる 58
なんとでもして 79
何となく 45
何とも考えていない 115
何人死んだか 128
何年運転しているのか 125
何年も欲しかった 17
南方料理 25

【ニ】

……に明かるい 114
……にお目に掛かる 114
二階以上の建物 75
賑かに見える 7
ニコニコしている 11
二十年前 123
……に通じる 80
……にとって 98
……に電報を打つ 98
……になったことはなった 123
……になればなる程 139
日本円 105
……に俟つ 135
……に向く 67
入港する 98
入国許可書 105
……によって 68,76,84,90
……に拠ると 61
……に依る 121,136
俄かに暑い 9

【ヌ】

抜け目がない 15
塗る（壁を） 57

【ネ】

音色 121
値が騰がる 19
ネクタイを締める 4
値段も手頃 19
寝つく 127
寝ていながら遊んでいる 111
寝ないで元旦を迎える 52
眠りたくても眠ろうなんてとんでもない 52
年賀を申し上げる 53

【ノ】

……の上で 115
農作物によい 122
能率 138
……のお考え通り 60
逃れようとしても逃れられっこない 125
……の御紹介で 114
……の為 117,136
……のついている 59
……の中に含まれている 105
……の様です 79,110
……の様な 116
乗り換える 96
乗りかかった船 15
乗り違える 93

【ハ】

配合する 20
俳優 121
歯が落ちる程大笑

いする 81
ばかをみる 128
……ばかりでなく 38, 106, 122
……ばかりでなく其の上 70
箱（列車の） 95, 96
運ぶ 69
挾まっている 118
鋏で切る 12
はじめて 131
果して 76
果して……であるか……でないか 80
罰をとる 36
はっきりしない 89
はっきりと 116
はっきり分らない（方向が） 93
罰金を納める 125
罰金を取る 125
話にならない 138
話し振り 100
鼻につく 45
花嫁の使う物 7
腹が立つ 37, 138
腹がへってたまらない 35
はらす（苦悶を） 80
パラパラになる 31
針箱 21
張る（金網を） 58
張る（アンペラを） 76
晴れ上る 139
繁華で賑か 86
番号を廻す 89
番号通りに 119
（……する）番です 27

【ヒ】

日を送る 79
火を起す 107
火を焚きつける 71
火を出す 128
控え目にする（控え目に食べる） 100
日帰り 109
控える（記す） 106, 125
日が定まる 102
火がついた様に 137
火が強く 30
引き入れる 121
ひき起す 116, 126
悲喜離合 117
引く（電話を） 75
悲惨 131
美術の殿堂 110
非常に 116, 119
単衣《ひとえ》 5
ひどく焦げ臭い匂 126
ひどく取り散らす 81
一揃い作る 13
一つには……二つには…… 67
一つ一つ 121
人の 131
人の心を騒がす 126
ひねる（蛇口を） 58
火の廻り 128
日日に悪化する 38
ひまどる 97
暇な時を過す 20
暇の有るのを利用して 40
火元 128
ヒューズがとぶ 70
病気をしない 33
病気になればもう助からない 129
平屋 75
晝之部 120
晝も夜もやる 90
疲労がいけない 130
ひろく推進する 71
広々として明かるい 67
広びろとして日当りがよく 74
日割りで 68

【フ】

不案内 26
フィアンセ 11
フィクション 84
風景は絵の様だ 101
笛が鳴る 94
吹き出す 127
不気味な 117
福分がある 25
含まれていない 68
不随になって動けない 131
舞台 121
舞台装置 121
ふだん 130
不注意 126
ぶつかって怪我をさせる 126
筆は円熟しない 138
太った 129
ふと見る 131
船酔 99
不法無道な 116
踏み上り 141
風呂に入る 9
ふわっと出来ている 28
分割払い 64
扮する 122
扮装 117

【ヘ】

別荘 108
ベッドで寝る 76
別に計算する 105
別々の人がやる 121
部屋じゅう打ち解ける 72
部屋じゅう春の様だ 69
ベルを押す 68
勉強する 35, 135
弁舌 140

【ホ】

ボーナス 16
ホーム 93
ホームシック 82
貿易商会 114
放課後 35
豊作だ 122
法治国 116
ぽかぽかと暖かい 72
綻びない様に 6
募集 134
没収する 126
北方料理 25
殆ど 117
炎 127
褒め過ぎ 85, 95
ほら 126
ポリスボックス 89
ほれぼれとする 81
ぼろぼろはみ出す 37
本絹 5
本当にうまいこと

やっている 108
本当に大変だ 94
本当によかった 39
本当の処を言うと 19
本当は 35
ほんとに 138
ほんの気持だけ 53

【マ】

麻雀をする 24
まあまあ 134
毎年こんな風だ 47
前売券 119
前売する（切符を） 119
まごつく 94
誠に都合が好い 114
まさか……ではあるまい 126
益々……して 130
ますますもって 123
瞬く間に 44,47,82
まだまだですよ 101
間違ってはいけない 125
真黒にぎゅう詰めで 93
まっすぐに立つ 72
全くそうだ 126
全くそうです 135
全くそっくりで真に迫る 121
全くやるね 107
待った所で知れている 88
間にあわせに 76
間に合わない（時間が） 49
間に合わない（用が足りぬ） 58
招きに応じる 27
丸一年 33
まるで……様です 116
廻す（電話の文字盤を） 127
饅頭をふかす 41
万噸以上の船 98

【ミ】

見上げたものだ 107
見送る 102
見苦しく 19
自らの都合に任せる 78
水玉模様 4
……みたい 111
見立てて買う 7
道案内 89
道がまだよく分からない 94
道に迷う 89
見付かる 32
ミッションスクール 78
認印 11
皆恩恵に浴せる 71
見習う価値がある 108
身の廻りのしまつをする 79
見計らう 25
耳をすませて拝聴する 78
耳に入らなかったとは 66
雅か 20
見渡す限り 110
見渡す限り一片の雲もない 139
みんなで（合計） 97

【ム】

無意味に 122
昔の事 73
昔の服装 117
むかむかする 100
向く（興味が） 134
向う側 92
むしろ小さな事だ 12
寧ろ……でも 88
むずかしく考える 103
むせて死ぬ 127
無駄足をする 11
無理ない 49,56
無理に 36,138
無料で直す 12
無闇に騒々しく 118

【メ】

メーターに出ている 125
目を楽します 121
目が鋭い（目が利く） 19
目が高い 32
珍しい事 20
珍しいものを賞味する 35
目鼻がつく 56
メリケン粉を発酵させる 41
免許証 126
面倒を見る 132
面倒だ 102
面倒な事になる 124
綿々とした悲哀 38

【モ】

申訳ありません 34
もう直ぐ満期になる 61
もう何も言うな 124
燃え着く 128
もしもし 91,103
……もし，……もする 108
モダン 31
勿論 84
もったいない 138
持って来る（食事を） 99
もっと素敵なの 108
専ら 21
求める（同意を） 58
もともと 19,39,96,138
物語 117
模範的な御主人です 56
紅葉を見る 108
燃やす 71
問題でない 41
問題はありません 136
門番の部屋 11

【ヤ】

やかましく 134
役目 95
焼け落ちる 128
やさしいじゃないか 36
やすい 12
安売り 14
家賃 59
屋根 122
山に登って腹がへる 107
闇切符 119
やむなく 98
やり難い 115
柔かい 30
夕涼みをする 76
行き届く 7,99
輸出入 114
ゆっくり出す（料理を） 29
ゆっくりと探す 61

指のすき間からすべらせる　52
ゆる過ぎても駄目　36

【ヨ】

よいお年をお迎えになりまして　53
よいことに　58
要をつかむ　135
用意する　28
洋館　60
要するに　85, 135
……様《よう》です　109
羊皮なら羊皮でいい　18
洋服に合う　4
洋服に着替える　4
よく（十分に）　95
翌朝　97
よく現れる　79
よくある事　61
よく出来ている（設備が）　94
よく寝入る　66
よく焦けてる（顔が）　106
よくやすむ（寝る）　31
よけいなことを言う　12
よけなさい　127
予言する　122
横になる　91
汚れっぽい　16
よだれが出る　35
予約する　105
余裕がある　105
……よりの方　56
夜之部　120
喜びと鼓舞の　142
喜ぶ　122

【ラ】

楽ではありません　123
ラッシュアワー　93
ランチ（船）　97

【リ】

理解する　31
掠奪する　116
流暢　135
両面に窓がある　67
料理を択ぶ　26
料理を見つくろう　42
旅券　101
輪廓　85

【ル】

留守になる（食べるのが）　33

【レ】

レース　5
零落困窮しておちぶれた　84
連絡切符　105
煉瓦で築く　71

【ロ】

老朽した　85
漏電　128
労働者階級　84
露店　50

【ワ】

賄賂を使う　50
分かる　26, 111
若々しく見える　4
訳を話す　100
忘れた様にさっぱりする　100
私が悪うございました　124
割合い　97
割引く　13
悪くならない（腐らない）　49